災害社会学

金菱　清

災害社会学（'20）

©2020　金菱　清

装丁・ブックデザイン：畑中　猛

s-58

まえがき

　災害は研究として特異な位置をしめている。なぜなら調査者がいくら待っていても到来する対象ではなく、むしろこちらがお呼びもしないのにある日突然招かざる客として襲来するからである。犯罪や政治などの社会現象が恒常的に社会にあり、冷静な立場から分析し成果を導く代物ではない。研究対象は災害の側から指定され、イニシアティブをあちらが握っている。こちらはただ突然の災害に巻き込まれ、右往左往しながら「負け」から入らざるを得ない。

　多くの人が見聞きし体験した東日本大震災は、その意味で巨大地震、大津波、原発事故という形での負けの極地にある。東日本と呼称されるように、広い範域の人が誰しも言葉を剥奪され『白昼夢（ホワイトアウト）』の状態に置かれた。研究者も例外ではなく、災害特有の感覚に支配され冷静さを失ってしまう。調査対象地も手探りの状態で探り当てなければならない。

　いわばそれまでのアプローチの修正を迫られる事態なのである。本書を読み進めて不思議に思うかもしれないが、いわゆる災害という対象にした社会学のオーソドックスな体裁を有していない。というのも、社会学は集合的な事象を分析の対象にするため、たとえば避難所や仮設住宅、あるいは災害公営住宅などのコミュニティを調べてまとめることをどちらかといえば強みとする。

　それはそれで切れ味がいいのでわたしもアプローチとして用いたりするが、しかし今回の震災が突きつけたことは、必ずしもそれでは収まらない事象であった。たとえば、両親を津波で亡くした女性は、自分が被災地に住んでいないために、果たして自分は被災者なのかと自問自答していた。資源も物資も研究もすべてまとまったコミュニティに投下されていた。

このような不可視化された問題を現場で突きつけられるために、その都度修正をせざるを得なかったというのが正直な感想である。災害と向き合っているうちに、従来のアプローチは捉えやすい所だけを勝手に切り取っているのではないかという反省がわたしのなかで生まれた。

したがって、本書の構成も、夢や幽霊など通常は災害で扱わない問題群が含まれているのは、災害の遺族や当事者と向き合うなかで震災の深部に迫るものを掘り起こしてきた結果である。わたしが勝手に名づけている「ツララ式自己内省的漸進法」である。氷柱であるツララは固まった部分を自ら溶かしながら徐々に大きくなる。それと同じように、災害に対する方法論的態度にも反省的にそれ自体を振り返る機会を常に設けている。そのように聞き耳を立てて向き合うことで、当事者が抱えていることについて潜在的な問題が初めて拓けてくる。

災害社会学は、他の社会学分野のなかでも新しい学問であるが、災害という極地を理解することは実はそれ以外の分野にも波及することが近年わかってきた。それは建築にたとえれば、建てた後では壁や設備で覆われてしまったため建物の中身の構造はなかなかわからない。ところが、台風などで剥ぎ取られたときに初めて家の構造がこのようなものなのかということがわかる。建築と同じように、災害があらわにしたことは、これまでわたしたちが文明の衣に包まってみえていなかった「人間」の骨格そのものである。

それはすなわち、社会学の基底であるゼロ地点を明らかにする試みである。したがって、後半にいくにしたがって宗教的なものにシフトしていくが、それは、宗教的なルールや組織を分析することではなく、人は死んだらどうなるのかという、宗教的な原義を災害がわたしたちに提供してくれているからである。このことを踏まえて災害社会学を捉えてみたい。

2019年10月　金菱　清

目次 |

1 | 災害社会学事始め

《**目標＆ポイント**》 災害社会学は、通常の社会変動の分析と異なり、突発的な事象に対してどのように人びとが対処できるのか、そのヒントを現場から探っていく新しい学問である。災害は、自然現象であるので、自然科学が扱うべき対象である。しかし、日本のように台風や洪水、地震や津波など世界にも稀にみる災害大国であるとき、その土地を離れて安全な計画を立てることは条件的に困難である。

　人間が引き受けるべき文化の積み重ねが歴史的にみて災害において具体的にみられるとき、それは自然現象にとどまらず、人間を扱う学問が必要ということになる。つまり、災害を人間の側から組み立てることで、独自の災害への対処方を考えることができる。ひいては自然と人間関係を深く探求する環境観、あるいは死生観といった宗教観に迫ることができる学問が災害社会学である。

《**キーワード**》 人間不在の鳥瞰図、人間の復興論、災害の引き受け

1. 人間不在の鳥瞰図（ちょうかんず）と科学的思考にもとづく行政施策

　災害とは何か。ある日、地震、津波、台風、原発事故や洪水などによって環境は一変する。横にいる親しい友人や愛する家族が気づいてみると亡くなっているかもしれない。また、これまで住んできた建物や地域が丸ごと破壊されたり、なくなったりすることさえある。「まさか」という環境改変を起こす出来事が災害である。

　災害がほとんど来襲することがない国と比べると、わたしたちが暮らしを立てている日本は、急峻な山に生活圏を囲まれ洪水が起きやすく、

台風の通り道にあり、世界の約10〜15％の地震（マグニチュード6.0以上では20％）が集中している、世界にも例をみない災害大国である。ふだんわれわれは穏やかな日常を送っているが、一瞬にしてわたしたちの生活環境が予想もつかないところで人が奈落の底にたたきつけられる出来事が災害である。

　しかしながら、想定内／想定外という言葉があるが、それを超えて日本人は緩やかな了解として、どこかで災害が起こりうる可能性について考えている。なぜ災害時多くの国と違って、救援物資の配給に整然と並び秩序ある行動をとれるのか。それは、知らず知らずのうちに災害を予感しており、自分の体験に先立って経験している身体感覚にあるのではないだろうか。そこで略奪行為をすることが、頻発する災害を想定した場合賢い選択でないことをどこかで身体感覚として感知している。

　では、なぜ災害を"災害の社会学"として扱わなければならないのだろうか。この疑問は必ずしも間違っていない。災害は自然現象であるため、通常自然科学で扱うべき対象であるように思える。事実、急に襲う未曽有の災害への対処法として、これまでの復興政策として、人間がまったく描かれない鳥瞰図の計画図と科学的思考にもとづいたシミュレーションが生活に先立って立てられてきた。建築学や津波地震工学である。この考え方は災害リスクを「ゼロ」にできる発想のもとに組まれている。学者の多くは理論的数値を持ち出し少なくともそう公言している。

　たとえば、津波の現場で進められてきた政策を考えてみよう。これまで想定されていなかった津波襲来というリスクは、現在表に出てきた危 険（デンジャー）という考えへと変容し、人間の背丈をはるかに超える10メートル以上の高さの防潮堤の建設、海辺での居住を禁じる災害危険区域の設定、そしてその設定によって、移転に係る費用を捻出し、高台や内陸への移

写真1-1　仙台市荒浜の「災害危険区域」でまちづくりの再生を求める運動が繰り広げられた。

転を推進する集団移転の事業が提案された。これら3点セットは、いずれも津波を外部条件とし、どのようにそれを「避けるのか」や「海から離れるのか」という視点に立っている。

　しかし、自然科学の考え方に対して、災害社会学が考える捉え方はリスクを現実的にゼロにできない以上、災害とどのように向き合い、つき合うのか、その工夫や知恵を住民の生活環境から再考する発想をもつ。

　民俗学者である宮本常一の次のような言葉がある。「その地に住む者にとって風景のよいというのは重荷であった。…風景のよいといわれるところに住む人はどこでも貧しかった」（宮本 2002：11）。普通きれいな風景はわたしたちを和ませてくれる。しかし、彼は在地に住むものにとって、生活を立てるためにつくりだした二次的な自然すらが、風景を楽しむような生易しいものでなかったと指摘している。暮らしを立てるということは、リスクを念頭にいれながらなんとかそこでやってきた

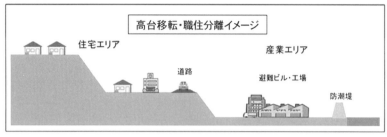

図1-1　復興のイメージ図（宮城県 HP より）

ということがこの言葉から伺える。災害社会学は、風景や自然を通して、
自然（環境・景観）の奥に生活が存在するということを明らかにしてい
く、研究主体でもある自分をも含めた「人間の生き方」を問うたいへん
基底的な分野である。

　災害が起これば、復旧するための青写真である復興のイメージを作成
し、それにもとづいて被災者の生活再建に取り組む。つまりみんなが災
害後には、必ず復興の道筋に沿って立ち向かおうとする。図1-1は、
東日本大震災の後復興のイメージとして示した宮城県による復興計画で
ある。図の上はリアス式海岸の土地で職住分離によって沿岸に働く場所
を、そして住む場所を高台に移転するものである。下の図は、住む場所
の高台移転ができない平地のケースで、幾重にもわたる堤防の建設によ
る多重防御という考え方を示している。

　これを見てどのように考えることができるだろうか？　実はこの図だ

けでなく、復興の計画図やイメージにはほとんど「人間」が描かれていないことに気づかされる。これは明らかに不自然であるが行政の計画として当たり前のこととして受け入れられている。無人島で災害状況が起こってもそれを災害とはいわないが、人間の描かれないこの図はまるで無人島での出来事のようである。

東日本大震災では、日本ではじめて津波のシミュレーションによって災害後の土地利用と住民生活が決められた、といわれている。さらに、原発事故後の福島県は、放射線の空間線量によって地域コミュニティが分断されていった。すべて鳥から見た鳥瞰図の視点である。広範囲に及ぶ災害を理解するためには、上空から眼差す視点は確かに便利である。

しかし、そこに生きている人間が描かれることはない。土地利用を描いた行政計画には、上から復興による計画線が引かれているのみである。歩いたり話したりしている当事者の目線は、せいぜい背丈ほどの高さしかもち得ないので、そもそもナスカの地上絵のように上から神か鳥のように眼差していることはない。鳥瞰図からできた計画の帰結は、暮らしの目線の高さとは程遠いことにならざるを得ない。

このような見方からすれば、未曽有の出来事は、わたしたちの環境の外側で起こっていることになり、そこに人間の暮らしを設定する必要もなく、災害社会学のでる幕はほとんどなくなるだろう。そして、災害における自然科学的な見方が、災害と人間との距離を遠いものにしている可能性がある。

海の民俗調査を長年行っている研究者らは、東北太平洋沿岸に対して真っ先に提案された上に見た図（図1-1）のような、住民の高台移転や漁港の集約であった復興案が、「幼児が戯れに描いたような絵まで用意した」机上の空論であり、漁師の生活と生業を分離するという、生易しくない課題を無視した、オカモノ（陸に住む者）による論理であると

まで断言している（川島 2012）。

　どうやら、この机上の空論にもとづいた行政の政策は、現場の考えにもとづいてフィールドワークから明らかにする災害社会学が果たす役割と特徴がある。災害の社会学は、現在唯一の解のようにみえる復興政策にたいして、異なる視角から光を当てることを試みる取り組みである。

2. 反・寺田寅彦学

　「天災は忘れた頃にやってくる」という、余りにも有名なセリフで知られる物理学者の寺田寅彦は、『津波と人間』という一節で次のような架空のやりとりを展開している（寺田 2011）。

　自然科学者の災害の警告に対して罹災者は、「それほどわかっているなら災禍に間に合うようになぜ警告してくれなかったのか」と問う。それに対して、自然科学者が「注意を払わないからいけない」と返すと、罹災者は、「二十年も前のことなど、このせち辛い世の中でとても覚えてはいられない」という。

　ただし自然科学者らしく寺田は、「自然ほど伝統に忠実なものはなく、地震や津波は、流行にかまわず、頑固に、保守的に執念深くやってくる」とくぎをさす。科学の方則〔ママ〕は畢竟「自然の記憶の覚え書き」であると締めくくっている。

　自然科学者は、リスク論の立場から災害を自然現象として扱い、人間社会の“外部条件”として警告を発する。津波に置き換えれば、波高の進度（深度）と過去の地層をできるだけ遡及して現在および近未来をシミュレーションする。いわば、自然科学者にとってみれば現在あるいは近未来は、何千年あるいは何万年のうちの一局面（フェーズ）でしかない。

　ただし自然科学者の主張は、このシミュレーションを通して、このよ

うな高い防潮堤を建設すれば大丈夫であることや、ここは津波が襲来し
て命の危険性があるので人が住んではいけない、ということはいわない。
われわれの科学的見地をすくいとるかは、あくまで政治や行政側である
というスタンスをとり、弁解の余地を残している。すなわち、科学と政
策という表向きの棲み分けを担保することで、科学的客観性を保持でき
るのである。

　しかし、多くの人はそのような棲み分けはほとんど意識することなく
協働だという認識が少なくない。事実、地震学者は、東日本大震災が起
こったとき従来の研究に対して反省の弁を公言し、失敗を悔いている。

　津波の現場で進められてきた政策を眺めてみると、海を離れるメリッ
トは安全政策などたくさん出てくるが、海を離れる結果出てくるリスク
についてはほとんど語られることはない。住民の暮らしの目線から見て、
仮設住宅などで明らかに認知症の症状が増えている。大切な故郷を喪失

写真1-2　自宅跡地で耕されている畑

してしまい、濃密な場所から復興による空間への移動も大きな要因となっているが、実は喪われたふるさとの津波で流された自宅跡地で畑などを耕していると高齢者の顔に笑顔が戻ると聞くことが多い。自ら主体的に働きかけることは、つねにボランティアなどの手助けによって当たり前のように受け身になっていることと異なり、高齢者の睡眠障害や認知症の予防に一役かっているようである。

　ただし問題は、自宅を含めた自分のふるさとが「災害危険区域」の一方的な指定を受け、住宅地にまで市内バスが運行されていない点である。その結果、高齢者を仮設住宅から自宅まで連れていくためには自家用車による運搬しか手段がなく、今は数100メートル手前で止まっているバス停留所を元に戻してほしいというつぶやきを聞いた。この女性の訴えは、数百億円の費用がかかる防潮堤の建設や立派な道路の敷設を求めているわけではない。誰のための復興かということを、現場で聞き耳を立ててそれを政策に反映することができる人がどれだけいるのだろうか。

3. 人間の「復興」論

　災害と復興の視覚文化論から科学技術と復興政策が、生活の論理に先立って結びつくことになったことを、約100年前の関東大震災から読み解いたのは、ジェニファー・ワイゼンフェルドである（ワイゼンフェルド 2014）。彼女は、カメラとテクノロジー的視覚化技術によってもたらされたさまざまな見方が、視覚的権威を行使し、人びとの認識に大きな影響力を持ったことを示している。1923年の関東大震災におけるアサヒグラフの表紙を飾った一面（写真1-3）も、炎上する街を遠くからとらえた航空写真を掲載している。このように被災地を撮影した航空写真は、地上の人びとを豆粒のように見せ、被害の広がりを強調することで、スケールと規模を表現し、個々の生命の損失よりも、文明や都市の破壊

1923年10月特別号
「大震災全記」
（朝日新聞社）

写真1-3　関東大震災を伝えるア
サヒグラフ表紙

について多くを誇大に語る。

　航空テクノロジーによって新たに獲得された鳥瞰図は、写真の視野の
広大さを増幅し、見る者と被害とのつながりの"非人格化"を進めるこ
とになる。そして、その後の大規模な都市復興の成果を航空的ヴィジョ
ンの時空間的広がりとインパクトで増大させようとするが、見かけ上の
全体性は日本政府にとっては有用だった一方、それは人びとを戸惑わせ
るもので、関東大震災の出来事の意味や復興がもたらす効果を完全に包
摂することはできなかったと、ジェニファーは述べている（同上：58-
60）。

　彼女の論理とパラレルなのが、「帝都復興の儀」と「人間の復興」の
対比である。理想的帝都建設に邁進した時の内務大臣の後藤新平が打ち

出した「帝都復興」計画案に対して、大正デモクラシーの旗振り役で福祉国家論の推奨者でもあった厚生経済学者の福田徳三は復興事業の第一にあげたのは、生存の機会の復興を意味する「人間の復興」でなければならないとした（山中 2015：366-7）。人間の復興は、大火によって破壊させられた生存の復興を意味し、生存するために生活し、営業し、労働せねばならないと説いたのである。

　生存の機会の復興は、生活・営業・および労働機会（総称して営生という）の復興を意味する。道路や建物は、この営生の機会を維持し、擁護する道具立てに過ぎない。それらを復興しても実質たる営生の機会が復興せられなければ何にもならないのであると、断じたのである。ここでの生存とは生物学的な生死ではなく、今でいう生活をする権利というニュアンスに近いだろう。

　約100年以上前の事象は、阪神・淡路大震災やそれに続く東日本大震災にもつながってくる視覚（視角）的系譜であり、真上から垂直に眼差す政策が立案されるが、それは無数の争点が潜んでいることを軽々と覆い隠してしまう危険がある。航空技術やカメラと政治の奇妙な結びつきは、千年災禍の規模の大きさからしか論じられないという自主規制と、それを当然のことと思ってしまう装いの自然性を多くもたせることになる。

　すなわち、災害における「高台移転」、「防潮堤」や「災害危険区域」、そして「原発避難区域」の議論は、それらしい科学的因果関係のもと、いつのまにか被災者の暮らしの目線を通さないまま、生きるか／死ぬかという単線的な生存の議論にすり替わっていることに、わたしたちは改めて気づき、驚かされる。この点は幾重にもわたって注意が必要なことである。

　2004年に起こった新潟県中越地震では、新潟県旧山古志村（現長岡

市）の復興担当者によれば、村の復興は、最初に墓地が直され、２番目に田んぼ、３番目に養鯉池、そして神社も早期に再建され、最後に住宅がつくられたという。山村の住民にとって地域で暮らしていけることが、先祖の存在（墓）と先祖がつくり上げてきた田んぼや養鯉池であり、コミュニティの象徴としての神社であったからである（島田 2015：399）。今回の震災での多くの復興に関する議論は、この死者という問題が棚 晒 しにされていることが比較において明らかである。

　生者と死者が織りなす関係性を素通りして、そこでよりよく生きるという文化的な営みが大きく後退させられている。生存の議論が科学的なシミュレーションに乗っかって、唯一の正しい正解であるかのように自然さを装っている。今回問われているのは、震災におけるわたしたちの想像力と構想力であるように思われる。

　個別のケースはさておき、津波の浸水によって居住を制限する災害危険区域の施策が極めて際立っていることを次の数値で示してみよう。

4.　引き受けるしかない大規模災害の実態

　興味深いデータがある。東日本大震災における、津波により浸水した区域を日本全国にあてはめた場合の数値である。海岸線からの距離が10km 以内で標高30m 以下の地域で試算して計算すると、実に日本の国土の10％に当たる約３万7,000km²の面積に、総人口の35％に当たる4,438万人が居住する地域に広がることが、国土交通省の分析で明らかになっている。

　さらに、人が居住することが津波浸水のシミュレーションによって危険だということで制限がかかり、いわゆる災害危険区域に指定された３県（岩手・宮城・福島県：2013年４月現在）での範囲は、13,147ha にも上がっている。あまりピンとこない数値である。これは皇居を含む山手

線の内側の面積が約6,300ha なので、実に２倍以上の面積にも及ぶ広大な土地が"住めない"国土となっているのである。

　これに、土砂崩れや洪水、地すべりや活断層、火山あるいは台風、竜巻などさまざまなリスクを考え合わせていった場合、災害列島といわれる日本の国土全体において、安全に住める土地はほとんどないとさえいえる。すでに高台移転の土地でも大雨の際に土砂崩れが確認されている箇所も多数あり、津波のリスクは避けられたかもしれないが、別の命に関わるリスクを増大させている。

　これらが端的に示すように、今回と同規模の地震と津波のリスクがゼロに近い場所に、すべての人が住むことができない以上、われわれに問われているのは災害リスクとどのように共存すればいいのか、あるいはどこまでリスクを引き受けるのかという議論が必要である。言い方を換えると、リスクを完全に排除するのではなく、どのようにしてリスクを受け入れて共存すればいいのかを考えることが実践的に求められている。

5. 足枷としての「復興」

　災害後、復興はとても大切なことである。だが、復興は残された遺族にとっては足枷となることがある。つまり、大事な家族がここに存在し、「復興ってそうじゃないだろうって思う。復興の話を聞いているだけでも腹立たしい」と、復興の言葉に対して違和感を覚えている震災遺族も少なくない。物理的な復興が進むにしたがって、取り残されているような感じが募る一方で、復興に対して公然と異議は唱えられないために、より一層社会的孤立を感じることになる。

　他方、本講義では、９割が求めている復興論ではなく、たとえ１割の人やひとりが疑問に思っているところに論拠をおいてそこから考えてみると、これまでみえてこなかった「復興」論が立ち現れることになるだ

ろう。わたしたちは、復興の陰に埋もれてしまった、生者と死者のはざまで立ち上がった霊性という次元まで、おりたって震災における社会構想を考えてみたい。

　とりわけ、行方不明者を多く抱えるような大震災では、未だ彼岸にいない死というものに、通常のかたちで対処するには不向きな面もある。行方不明とは、亡くなっているか生きているのかわからない状態が長期にわたって続くことである。生者と死者のはざまをむすぶ曖昧な（中間）領域にある不安定で両義的な生と死の 間 をあえて無理に消し去ろうとはしていない。むしろ、曖昧なものを曖昧な状態のままにしながら生と死の中間領域を豊富化させ、肯定的に対処する方法を、被災者である当事者たちは自ら工夫している。この点に着目して、霊性を中心に災害社会学の課題として本講義では考えてみよう。

参考文献

ジェニファー・ワイゼンフェルド、2014、『関東大震災の想像力─災害と復興の視覚文化論』（篠儀直子訳）青土社
金菱清、2016、『震災学入門─死生観からの社会構想』筑摩書房
川島秀一、2012、『津波のまちに生きて』冨山房インターナショナル
宮本常一、2002、「日本人と自然」『宮本常一著作集43自然と日本人』未來社10-66
島田恵司、2015、「被災地にみる復旧と復興の課題」公益財団法人ひょうご震災記念21世紀研究機構編『「国難」となる巨大災害に備える─東日本大震災から得た教訓と知見』ぎょうせい：398-401
寺田寅彦、2011、「津波と人間」『天才と防災』講談社学術文庫：136-45
山中茂樹、2015、「復興の定義と指標」公益財団法人ひょうご震災記念21世紀研究機構編『「国難」となる巨大災害に備える─東日本大震災から得た教訓と知見』ぎょうせい：366-9

2 | レジリエンス論

《**目標＆ポイント**》 もし災害がすべて逃れられる対象であるならば、災害社会学は必要ないといえる。自然科学による分析で済む。ところが、ある水準で逃れることができない以上、どこかで災害のリスクを人間が引き受けなければならない。この引き受けを文化として内部化したものがレジリエンスといわれるものである。「回復力」とも呼称されるが、それがあるのとないのとでは災害直後の対応や回復力に歴然な差があることがわかっている。

　たとえば、三陸沿岸を地理的辺境である陸の孤島として扱うというよりも、危機に晒された生を生き抜くための智慧が集積した文化的中心と置くことで、社会変容の形成基盤がどのようにつくられるかを知ることができる。このことは単なる復興を論じるというよりは、来たるべき高齢化や過疎化の「先進地」として、被災漁村に着目することによって、より深い洞察が現場で求められることにもなる。

《**キーワード**》 レジリエンス、災害の内部化、脆弱性（バルネラビリティ）

1. しなやかなレジリエンス

　誰しも台風や地震などの災害はできれば避けたいと切に願っている。災害リスクは理想的にいえば、それをすべて除去できればよい。ところが災害社会学では、完全に災害を排除できない以上どのように自然の脅威と共存すればよいのか、という発想がでてくる。つまり、どのようにしてリスクを受け入れて共存すればよいのかを考えることが実践的に求められているが、そのヒントとなるキーワードが「レジリエンス」という考え方である。

　同じ地震といっても被害や災害後の復興の在り方にはかなりの大きな違いが出てくる。この「かなりの違い」というのは、十全に震災に対する備えがあるかないかで随分その後の対応が異なってくることを指している。とりわけ、自然災害においてその猛威やリスクを低減できるかどうかは、当該社会がレジリエンスを有しているかどうかに大きく左右される。

　レジリエンスとは、直訳すれば回復力や抵抗力と呼ばれている元々物理学の用語で、それを転用して発達心理学や社会学にも用いられている。体にたとえると、同じウイルスがある条件のもとでインフルエンザに罹患する人と罹患しない人がいる。その差は、抵抗力があるかどうかや免疫力があるかどうかということが、ひとつのキーワードとなる。レジリエンスがあるということは、たとえインフルエンザに罹ったとしても健康への回復は、ない人に比べれば早いということになる。人工的にレジリエンスを高めることも可能で、予防接種もインフルエンザに罹らないためのひとつの処方箋だろう。この場合、災害はインフルエンザに相当するものとして捉えるとわかりやすい。

　災害時におけるレジリエンスの向上とは、困難な危機に直面してその状況に適応しながら、一方でいざというときに備えて危機を許容する幅を拡げておくことにある。壊滅的な状況のなかで見逃されがちな、地域内部に蓄積された問題解決能力をレジリエンスという言葉は射程に収めている（浦野 2007）。

2.　コミュニティの適応力

　『レジリエンス　復活力』の著者であるアンドリュー・ゾッリは、社会的レジリエンスを決定づける最大の要因は、コミュニティの適応能力で危険を察知して、介入し仲裁する能力であると考えた。そのうえで、

それは権威主義的な押しつけによってはレジリエンスは得られず、人びとの日常生活と密接に関わる社会構造や人間関係のなかで育まれなくてはならないと警告を発している（アンドリュー・ゾッリ　2013）。

　成功裡に終わった事例と逆に適切な介入が遅れたケースをあげている。そのうち、ゾッリが紹介している失敗したパターンをここで簡単にみてみよう（同上：282-302）。

　バングラデシュでは、全世界の自然災害で命を失った総数に匹敵する、毎年25万人もの人びとがコレラや腸チフス、肝炎などの病気で亡くなっていた。国際機関やNGOによる支援によって、手押しポンプ井戸を設置することできれいな飲料水を汲み上げることができた。ユニセフによって設置された井戸は30万本以上にのぼり、5歳以下の乳幼児死亡率は1970年の24％から90年代後半には10％以下にまで下がり、このモデルが称賛され、南アジアなど他の諸国へのお手本とさえいわれるにいたった。

　ところが、1983年ヒ素中毒の初期症状が現れた。ヒ素は無色無臭で化学分析によってはじめて検出される。1993年にはバングラデシュ全域で4万人に皮膚病変が確認された。WHOは、汚染水の井戸水を飲用した100人に1人がヒ素に起因する癌で死亡すると予測したが、ユニセフと政府の反応は無関心そのものだった。10年近くも経過した1998年、ユニセフはようやく危機を認知したものの、すでに食糧生産のサイクルにまで高濃度のヒ素を摂取するようになっていた。

　2000年には、政府は約1000万本の手押しポンプ井戸のうち、半分はヒ素に汚染されていると推定した。30年以上推奨してきた国策の大転換は、文字を読むことができない国民に効果的に進めることができなかった。そこで、政府は世界銀行の支援を受けて5年の歳月をかけてすべての井戸の検査を行い、汚染された井戸と安全な井戸をそれぞれ赤と緑で視覚

的にわかるようにした。しかし、これもうまくいかなかった。ゾッリは大幅な行動の変化を促すには、多くの文化的規範やタブー、動機の理解、その他さまざまな知識を要する多面的な活動が大切であるという。つまり、色分けは視覚的な効果でうまくいくように思われたが、そう単純な解決方法ではなかったのである。色分けは外部から押しつけられた、技術主導による一度限りのものであったのである。

　水の利用には少女を含め女性が大きく関わっていて、安全な井戸がどこにあるのかや、女性がそこに出向くことが社会的に容認されるかどうかによる。近くに安全な緑の井戸があるのに彼女たちが使わなかったのは、たとえばモスクの真正面にあり、宗教的文化的規範が行動の変化を阻害している事例としてあげている。安全な緑の井戸に並んで口論に巻き込まれるぐらいならヒ素の水を飲む方がましだという話や、赤の汚染井戸の近くに住む若い女性は結婚できる見込みが低くなるため、安全な緑の色に塗り替えられたり、すでに罹患していることを隠すために、汚染された水を飲み続ける人もでていた。赤い井戸に変わる安全な手段がないので、糞便に汚染された危険な水を摂水飲用する人も現れた。

　問題は変化する複雑な社会システムに対して、一度しかヒ素汚染対策プロジェクトが実行されなかったことにあり、最後にゾッリは、トップダウン型の官僚機構の対応が極端に遅く、社会的介入が地域の複雑な文化を考慮せずに行われたことや、介入の影響を直接的に受ける人びとを計画に参加させる努力を怠り、各組織が階級差別的な発想から、貧しい人びとに何ら貢献する力がないと思い込んでいたことなど、ヒ素中毒から回復するレジリエンスの力をことごとく奪ってきたという（同上290-1）。

　このバングラデシュの状況は、今回震災を受けたわたしたちの社会にまったく無関係だといえるだろうか。復興過程における立派すぎる計画

は、人びとの暮らしのしなやかなレジリエンスの力を奪ってはいないだ
ろうか。震災の場合早期の復興の掛け声のもと合意形成がなし崩し的に
実施されている傾向が大変顕著で、中央集権的な家父長的な政策に
陥っているケースが散見される。

3. 災害の外部化と国家化

　中央集権的な復興の典型例が、中国の事例である。6万9,197人が亡
くなったとされる四川大地震から2018年で10年が経過した。四川省の映
秀地区にある漩口中学の震災遺構は、学生と教師55名が亡くなった現場
である。慰問の場として花を供えて泣く遺族の鎮魂の場であるとともに、
国をあげての追悼施設にもなっているために、中国国旗を揚げてさなが
ら観光地という雰囲気も漂う（写真2-1）。

　四川の震災の現場は、ちょうど少数民族が暮らす地域とも重なるため
に、これだけの広い中国を統一し続けるために、当初からモニュメント
化する意図があった。半ば観光地化されているので、近くには土産物屋
が立ち並ぶ一方、訪問客が立ち寄らない地区には、新しく建てられた復
興住宅が立ち並んでいる。一軒一軒の住宅には中国旗がたなびいている。
ゾーニングされて「管理」されていることがよくわかる。

　同じく、北川遺跡（Beichuan）は、日本では考えることができない規模で地震の被
害に遭った街がそのまま丸ごと震災遺構として保存されている（写真2
-2・2-3）。10年以上経った今もその当時の生々しさを伝えており、
たとえてみると、南三陸町の志津川のまち全体をすべて震災遺構にして
しまった規模である。強力な国家権力と被害が広大な土地のため、丸ご
と移転させて完全に旧町と新町とを切り分けることができる。架空の空
間が現実の姿として目の前に晒されてあることの意味について考えさせ
られる。

写真2-1　四川省映秀地区の漩口中学震災遺構（2018年10月撮影）

　ここでの暮らしは、新しい住宅が数十キロ離れた広大な土地を新たな
まちとして建設されていた。少数民族の羌^{チャン}族が中心なので、民族衣装
を身にまとっている人も多い。そこにある、5.12汶^{Wenchuan}川特大地震記念館
は中国政府が建てたものだが、国家の発展と震災を重ね合わせて、国難
を乗り越えることがすなわち、中国国家の繁栄の礎になっているという
展示のされ方をしていて、一見すると関係のない、高速道路の建設や産
業の発展などの展示が雄大に飾られている。災害という悲劇を国家の悲
劇として活用し、乗り越えるべき国家目標にしていることが特徴的であ
る。

写真2-2／2-3　四川省北川震災遺構（2018年10月撮影）

4. コミュニティの分断と叡智

　中国では、ひとつの復興のシンボル的な象徴として震災遺構は国家の統合に寄与したが、ときに震災遺構は、地域コミュニティを分断することがある。たとえば、宮城県南三陸町に残された、43人が犠牲になった防災対策庁舎はまちを二分することになった（写真 2 - 4 ）。一度は解体することに決まった庁舎は、「後世の教訓」である震災遺構として有識者会議を受けて待ったがかけられた。

　大切な家族が亡くなった場所は、もう二度と見たくないという理由で反対（解体に賛成）の意思を示し、保存化を首肯しない遺族も少なくない。ところが保存に「肯定的」な意思を示し、県有化を受け入れる遺族もいる。宮城県気仙沼市の市街地に残された第18共徳丸は議論の末解体された（写真 2 - 5 ）。

　保存か解体かの論争が熱を帯びていた震災遺構は、南三陸町の場合、結果として保存も解体も選択しなかった。震災の起きた2011年から2031年までの20年間宮城県が防災対策庁舎を一旦預かり、維持管理にかかるすべての費用を負担することになったのである。この保留という考えは、その場で決定せずに判断を先延ばしすることにある。保留＝県有化は、防災対策庁舎保存か解体かの決断を早期に下すのではなく、十分に議論を重ねた上で最終的な結論を下すまでの猶予を設けることである。

　県有化で重要なことは、財政的側面である。なぜならば、小さな自治体である南三陸町が財政負担できないという立場から、保存に反対する町民も少なくなかったからである。この決定は、将来の若い人たちに冷静沈着なかたちで判断を仰ぐ打開策といえよう。

32

写真 2 - 4 / 2 - 5　南三陸町旧庁舎（上）。解体された第18共徳丸
　　　　　　　　（気仙沼）（下）

5. 社会への災害の内部化

　今回の震災で、とりわけ津波の被害が甚大であった現場で見えてきた
レジリエンスの方向性は、大きくふたつある。ひとつは、被害の大き
かった場所から撤退したり、津波によるダメージや物理的損失を未然に
防ぐことで、日常生活に支障をきたさない状況を目指す方向性である。
もうひとつは、生活を共にするコミュニティの維持・継続を目指した先
に、被災後も派生してくる複合的な災害リスクが、包括的に低減される
状況を目指す方向性である。

　災害は、とりわけ人間の存在を生命の危機と、その後の生活の困窮に
追い込む。いわば、それまで優しく包んでいた文明という衣を剥ぎとっ
て、生身の動物的な存在にする非常に厄介な問題である。それに対して、
国などの図体の大きな行政機関では行き届かない面が当然出てくるし、
むしろ平常時のシステムで機能しようとするので小回りが利かない側面
を少なからず含んでいる。

　災害社会学では、災害を文化的現象あるいは社会的現象として取り出
し、人間社会の内部条件として扱う。内部条件とは、たとえば次のよう
なエピソードが的を射ている。津波常襲地の三陸沿岸では、息子に向
かって「（念押しして）いいな、お前の生きている間に3度津波に遭う
からな」と諭されている。このことが意味することは、津波があるとい
うことを前提に、日常生活の備えをしておけという教訓である。普通、
命や財産を奪う津波が人生のうちで3度もあるならば、海を離れて内陸
部の安全な土地に住むことを勧めるだろう。ところが、このことが指す
言明は、日常生活の一部として津波を"飼い馴らす"ことができれば、
海がもたらす恩恵に預かれるという点である。

　あるいは、津波のことを嵐と呼んでいる漁師に出会ったが、嵐と呼ぶ

ことで、わたしたちの手の届かない津波から、災害の後それで終わることなく、またいつもの日常に戻れる願いも込めて、非日常と日常の循環に回帰できる心象の表れとして捉えることができる。そして、即座に震災後海に出て海の潮風を吸うと元気がでて、朝日が昇り始めると、神々しい大自然の美しさに感嘆している漁師の姿がそこにはあった。

　また、気仙沼市唐桑の漁民に聞いたときも、「普段穏やかだけどなんで（津波として）荒れたのかなあ」と語ってくれた。普通オカ（陸）にいるわたしたちは大津波に対して荒れたという表現は使わないが、漁師は普段ヤマが荒れると表現するなど、山を見上げて天候が悪くなり風が吹き海が荒れる前兆として捉えていることなどから判断すれば、天候予知における漁民の自然への対峙は、常に自然との対話によって成り立つといえるだろう。

　津波被災地域は1回のみの被害区域ではない。繰り返し歴史的にみれば襲来されている。明治・昭和三陸大津波をはじめとしてこれまでにも繰り返し津波に襲われた、いわば津波常襲地帯がある。津波常襲地帯に属する宮城県気仙沼市唐桑町では、今回の大津波の後百箇日に御施餓鬼供養と浜祓いという儀礼が執り行われている。主にカツオ漁や遠洋マグロ漁業などに深く関わってきた唐桑町では、度重なる海難で数多くの人命が失われてきた。その際、海を穢れていると捉え、海難に遭遇した死者・行方不明者の魂を一ヶ所に呼び寄せ、祓い清めることで初めて浄化された海に出る（出漁する）ことを可能にしてきた。すなわち、たとえ千年に一度の大津波といえども、日常に回帰するためのレジリエンス機能が文化として内在化している（川島 2012）。そのことで津波常習地帯へと変化させている。

　海に背を向けることなく海で生業を営む人びとは、海と遠く離れて住むことはない。たとえ、命を失い家屋を流されたとしても、津波を日常

の連続性のなかに組み込んでいるのである。漁師や海の近くで暮らす人びとでも家屋を流されればまた建てればいいだけの話と、割り切ったいい方をする人はかなりの数にのぼる。

　災禍を日常世界に埋め込んでいく技法について、人類学者のホフマンは、自らも巻き込まれた1991年のアメリカのオークランドでの火災を取り上げ、たいていの人びとがまず自然現象を文化のもとに置き直そうとしたと分析している。そして被災者がなぜ荒廃した地域に戻ってくるのか、慢性的に災害が起こる場所になぜ人は住み続けるのかについて、経済的理由や安全な場所から締め出されたという理由以外に、隠喩（メタファ）が所有の働きをもたらすことを、宗教的象徴表現の研究者が明らかにしていると指摘した（ホフマン　2006）。たとえば、オークランドの人びとは、火災の原因を、自然の気まぐれのせいでだけではなく、環境を酷使したせいとも考え、火災後、母なる自然を正しく敬意をもって取り扱おうとしたことなどがあげられている（同上：142）。

　社会学に引きつけていえば、人びとの生活周期に自然災害を所与のものとして組み込み"所有"することで、災害リスクをコントロール可能にし、災害後いち早く日常に回帰させるしくみを生み出している。そうした日常回帰の手法が、先の漁師の言葉に表れている。このようにリスクを回避するには、ある程度の自然災害の危険を予測し、長期的な生活戦略を立てるスタティックなシステム安定化機能がある。このシステムの安定性のために、外からの災害が来襲しても、撥ね退けることができる。

　しかし、このような日々の暮らしの水準における時間は、自然科学者のフラットな時間軸に対して、かなり濃いといえる。極端な話でいえば、自然科学者のもつ時間軸の見地からは今日明日を争うような痴情の縺（もつ）れは起こりにくいといえよう。なぜなら、憎悪をもっている対象は、何百

年何万年さかのぼった人びとではなく、自分を取り巻く今を規定する、痴情に駆られた人間関係だからである。このことを考えれば、社会科学の想定範囲は自然科学者のそれよりも時間と空間において狭量にならざるを得ないが、人生と場所において濃密さをもつといえる。

現場の生活の論理から眺めてみると、大津波という人知を超えるような災害は、時間が経過するにしたがって現実の生活場面に回収されうる。もちろん当初は、人びとが受けた衝撃や喪失感はそこを離れるのに十分大きなものであったが、時間の経過とともにそれぞれの生活の中に災禍が組み入れられてきている。

6. 災害を日常に組み入れること

自然と人間の格闘において、一時期近代技術によって克服されるという思想はあった。しかしこの幻想は、近年の災害の激烈化を受けて淡い期待であったことは明らかである。では近代技術のなかった頃は、圧倒的な自然の猛威を前にして、一方的になすがままであったのかといえば、必ずしもそういうことはなく日常世界の上で災禍を必ず展開する転換点が存在した。そうでなければ、わたしたちの暮らしや人生は鬱屈としたままの文化や文明であったに違いない。

災禍が日常のもとに組み入れられることを、人びとの立場から考えたのが常民の視点から物事を考える社会学の隣接分野である民俗学であった。民俗学者の宮田登は、近世期以降飢餓との時期が合致しているという口碑にある巳の年に、5月、11月の期間に2度の正月を祝って、災厄である不幸の年を人為的に終わらせ豊年の年へと転換させる信仰的な儀礼を紹介している（宮田 2010：65）。

稲作農耕社会において、飢餓と豊作は交互に繰り返される。そうであるならばいち早くやり過ごし、豊作の再来を待とうということになる。

［鯰に金銀を吐かされる持丸］
（東京大学総合図書館所蔵）

写真 2 - 6　　鯰絵

　絶対的ユートピアではなく、季節のリズムによって日常と連続した先に
期待される相対的ユートピアの思想は、循環的時間観がもたらす幸不幸
の波の周期を短縮する呪術儀礼を生み出したのである（浅羽 2004：
181）。
　そして、これは大地震などの破局的な自然災害においても、一種の
「世直し」として人びとに受け入れられていたことを宮田は指摘する
（宮田 2010：226）。鯰
なまず
絵に現れている大地震によって、金持ち長者の
背を叩き、金を吐き出させ、これを下層町人たちが拾う。幕府から出る
救い米を善政と讃え、財の再分配の機能を果たしていたことを捉え、破
壊者として憎まれる存在としての鯰と、救済者としての崇拝される存在
という両義性があると、災害であるはずの地震を民衆の立場から位置づ

けし直している。

　また、歴史経済学者の岩本由輝は、歴史資料を紐解くなかで、東日本
大震災から1142年前の貞観津波の際には、当時の天皇が、詔 のなか
でこの地震・津波について「百姓、すなわち人民は何の罪があってこう
した災厄をこうむるのであろうか。（予は）自失し、恥じて懼れはばか
るばかりであるが、責任は深く予（天皇）にあるのである」として、為
政者の言質を倫理に絡めて析出している（岩本 2013：6）。自然神とし
て天皇と重ねるとすれば、当時の状況としては、地震や津波を引き起こ
した責務を天皇が負っていることは、為政者として当然の成り行きとし
て捉えられていた。

　災害社会学では、災害を、科学的な因果関係で取り結ぶようなシミュ
レーションとして外部化するのではなく、人間社会の文化的寛容さを内
部条件化していくものとして扱おうとしている。

　日本列島という土地が世界で稀にみる4つのプレートの境界上に隣接
し、世界の約10〜15％の地震（マグニチュード6.0以上では20％）の地
震が頻発する地帯であることや、台風をはじめ急峻な山々に囲まれた土
砂災害や洪水に見舞われる、災害列島であるという事実がある。震災学
を多幸感に合わせて考えれば、日本では、他国のように幸福を増幅させ
ることで生活を成り立たせてきたというよりは、おのずと災害などに逢
わないかたちで「無事」でありつづけ、不幸が起こらない仕組みや心情
を有史以来築き上げてきたといえるだろう（古川 2004）。それは無事の
思想ということができる。

　災害を社会史として民衆との関係を研究してきた北原糸子は、地震や
火事などの災害が世直りを歓迎し、それを体験した場合に出てくるであ
ろうある種の至福感をどのように捉えるのかを考えた際、たとえば、
「火事と喧嘩は江戸の華」という言葉を取り上げて、なぜ火事が災害で

あるにもかかわらず陰惨さを予想させない江戸の華^{はな}というプラスの表現
になるのかと問うている（北原 2013）。

　江戸中期以降、遊郭吉原にとくに火災が頻発した原因は、遊女自身の
放火だという説があるが、吉原が大名など上層階級の粋人の遊女から、
江戸市民の遊女へと大衆化するなかで、遊女への締めつけが厳しくなり、
それへの反撥が鬱屈した心理を辿り放火というかたちをとって現れたこ
となど、火災がいつの時代においても自然災害の枠内にだけとどまるも
のではなく、災害史を従来の収奪理論の枠組みから、新しい枠組みのな
かで理解する可能性を拓いていることはたいへん興味深いといえるだろ
う。

　今回津波を受けた三陸沿岸および太平洋沿岸域は、「30年後の世界が
先に来た」といわれている。つまり、沿岸部から資金のある若年世代が
都市中心部に移動することで、高齢化や過疎化が圧縮するかたちで雪崩
を打ち一挙に到来しているそのことを指しての表現である。

　そうであるならば、三陸沿岸を地理的辺境である陸の孤島として扱う
というよりも、危機に晒された生を生き抜くための智慧^{ちえ}が集積した文化
的中心と置くことで、社会変容の形成基盤がどのようにつくられるかを
タイムマシンを使わずともすぐそこに行けば知ることができる。このこ
とは単なる復興の考え方というよりは、来たるべき高齢化や過疎化の
「先進地」として被災漁村に着目することによって、より深い洞察が現
場で求められることにもなる。いつでも〝われわれ問題〟として主題化
できる可能性を秘めているということでもある。

　以上のように、高齢化や過疎化それに大津波などの大災害のさまざま
なリスクを内部化させる仕掛けをみることで、人間がどのようにそこで
よりよく生きるのかという問いを発することができる。本書は、東日本
大震災という千年災禍を目の当たりにし、災害リスクに対して人びとや

40

地域コミュニティがどのように脆弱性（バルネラビリティ）を吸収し、回復する力（レジリエンス）を保持しているのかを現場から問い直すことになる。

参考文献

アンドリュー・ゾッリ＆アン・マリーヒーリー、2013、『レジリエンス　復活力――あらゆるシステムの破綻と回復を分けるものは何か』（須川綾子訳）ダイヤモンド社

浅羽通明、2004、『アナーキズム』筑摩書房

古川彰、2004、「村の災害と無事――「貧民漁業制」という仕掛け」『村の生活環境史』世界思想社：102-13

岩本由輝、2013、「400年目の烈震・大津波と東京電力福島第一原発の事故」岩本由輝編『歴史としての東日本大震災――口碑伝承をおろそかにするなかれ』刀水書房：3-97

金菱清、2016、『震災学入門――死生観からの社会構想』筑摩書房

川島秀一、2012、『津波のまちに生きて』冨山房インターナショナル

北原糸子、2013、『地震の社会史――安政大地震と民衆（読みなおす日本史）』吉川弘文堂

宮田登、2010、『ミロク信仰の研究（新訂版）』未來社

スザンヌ・M・ホフマン＆アンソニー・オリヴァー＝スミス編、2006、『災害の人類学――カタストロフィと文化』（若林佳史訳）明石書店

浦野正樹、2007、「脆弱性概念から復元・回復力概念へ――災害社会学における展開」浦野正樹・大矢根淳・吉川忠寛編『復興コミュニティ論入門』弘文堂：27-36

3 | 内なるショック・ドクトリン論

《**目標＆ポイント**》　テロ、戦争、ハリケーンや津波などの自然災害のショックの直後、災害処理をまたとない市場チャンスと捉え、公共領域に正当性をもって参入する行為は、「惨事便乗型資本主義（＝ショック・ドクトリン）」と呼ばれている。津波を例にあげれば、自然の途方もない脅威により集団的ショックが生じた時期に、前もって用意していた計画から、復興やリスク防止という目的を掲げ、処方箋として緩衝地帯（バッファーゾーン）を設ける。なかなか進まなかった漁民の土地明け渡しを、一部の産業に対して合法的に行うことができる。
　しかし、ショック・ドクトリンの復興政策の圧力も、コミュニティの意向を無視して遂行することは実質的に困難であると指摘できる。逆に言えば、コミュニティがショック・ドクトリンの「防波堤」として有効に機能している。それだけでなく、元に戻る復興ではなく、「内なるショック・ドクトリン」とでも呼ぶべき、身の丈にあった構造改革が現場で推し進められている。
《**キーワード**》　内なるショック・ドクトリン、創造的破壊、第二の津波

1. ショック・ドクトリン

　カナダのジャーナリストのナオミ・クラインは、テロ、戦争、ハリケーンや津波などの自然災害のショックの直後、災害処理をまたとない市場チャンスと捉え、公共領域に正当性をもって参入する行為を、「惨事便乗型資本主義」（クライン 2011）と名づけている。この災害便乗型資本主義を推進する新自由市場主義者は、災害や惨事を一過性のものと捉えるのではなく、あたかも大災害に備えて缶詰や飲料水を用意するかのように、非常時に備えて自由市場構想をあらかじめ準備する。そして、

大災害の直後にそれを迅速に行動に移すことで、政治的に不可能であったことを政治的に不可欠になるまで高めるのである。

シカゴ学派の経済学者であるミルトン・フリードマンは、意表を突いた経済転換を急進的かつ広範囲に敢行すれば、人びとの変化への適応もスムーズになりうると予測した。惨事という非常事態に自由市場主義の徹底化を一気呵成に推し進める荒療法を「ショック・ドクトリン」と呼び、民主主義的な手続きを経ずに自由市場を開放できる惨事を、自由放任資本主義の完結にとって「不可欠な要素」とおく。

津波を例にあげれば、自然の途方もない脅威により集団的ショックが生じた時期に、前もって用意していた計画から、復興やリスク防止という目的を掲げ、処方箋として緩衝地帯を設ける。そのことでなかなか進まなかった漁民の土地明け渡しを、一部の産業に対して合法的に行うことができる。東日本大震災では、震災後間もない頃に突如として宮城県知事が「水産業復興特区」を提唱した。それまで漁業協同組合が最優先であった漁業権を、民間企業にも同等に分け与える政策で、災禍で苦しむ漁民を助けるどころか、漁業の早期復興を妨げる愚策として、一斉に批判を浴びた。

このような企業を例外的に特区として参入させることで産業を活性化させる手法は、漁民から「ドサクサ紛れ」と評されるように、ショック・ドクトリンの典型的な惨事便乗型の経済政策の事例といえるだろう。その意味では、当初から漁業の民間開放を強く念頭においていた知事にとって、漁民の精神的「空白」と漁場の「空白」が生じる大震災は、知事のパフォーマティブな能力と手腕が試されるまたとない機会であった。

しかしながら、東日本大震災の復興政策の個別事象をみると、いずれも計画段階で終わっており、宮城県も様子見として2年以上も特区の導入を見送っていた。すなわち、ショック・ドクトリンを模した復興政策

は、「改革・開放」という旗印のもとマスメディアから華やかな復興の
経済政策ともてはやされたにもかかわらず、実行に移すどころか漁業当
事者から拒否されている現状にある。宮城県知事が提唱する「水産業復
興特区」は2019年現在、１地区を除いて実行されていない。全漁協の猛
反対のなか、５年ごとの更新時期に合わせて実施された。

　実は、このようなショック・ドクトリンの復興政策の圧力も、コミュ
ニティの意向を無視して遂行することは、実質的に困難であると指摘で
きる。逆に言えば、コミュニティがショック・ドクトリンの「防波堤」
として有効に機能しているともいえる。

　ただし、これほど大規模な災禍では、元に戻る復興ではなく、いわば
「内なるショック・ドクトリン」とでも呼ぶべき、構造改革が現場で内
側から推し進められている。足元の懸案となっている地域コミュニティ
や漁業当事者が抱える構造的な問題について、徹底的に議論し、それを
身の丈に合ったかたちに改革する試みである。結果としてそのことが、
自由市場主義的な外からのショック・ドクトリンを、自らのコミュニ
ティから遠ざけることにつながっているのである。

　本章では大災害における「内なるショック・ドクトリン」について３
つの事例、南三陸町志津川戸倉・石巻市北上町十三浜・気仙沼市唐桑町
におけるそれぞれ独自の復興策を簡潔に示し、在地リスク回避論から内
なるショック・ドクトリンの内実について明らかにする。さらに、これ
らを「創造的破壊」として位置づけ、壊滅的な被害を受けたコミュニ
ティの再生と、その潜在力を自然災害による外からのショック「第二の
津波」に抗する、内部の構造改革の両面から論じる。

2．3つのコミュニティ再生事例

（1）　96人の協業化—南三陸町志津川戸倉

　宮城県南三陸町志津川湾の南に位置する戸倉地区は、9つの浜から成り立ち、震災直前（平成23年2月末）の人口は2,411人、680世帯であった。現在（平成30年11月）は、1,424人、471世帯である。

　志津川湾を望む景色は、養殖用の浮き筏にびっしり埋まっている。内陸部から海に向かうトンネルを抜けると、そのまま海上の道が続いているのかと揶揄されるほどだった。震災前はそれほど過密養殖（いわゆる密殖）の状態にあった。

　しかし、震災で家屋、養殖施設、漁船を流失した戸倉地区では話し合いの末、国による補助金制度（「がんばる養殖復興支援事業」）を使って、協業化を推し進める選択をする。

　この地区の特質は、独特の協業形態にある（齋藤 2013）。すなわち、普通4〜5人1グループのかたちで行われてきた協業を、震災後、96人まるごと1グループとする協業を申請したのである。協業化の一番の問題は、給与制とグループ化により、各人が切磋琢磨し努力しなくても収入が一定額保証されることによる、労働意欲の低下にある。養殖漁師の労働は、ひとり社長として単独操業し、高品質を目指す生産努力と競争原理のなかにあった。協業化は、努力が収入に直結することを是とする漁師の気質とは、本来相容れない。しかしながら、未曾有の大災害を受けて、漁業基盤が何もなくなった漁師にとって、協業化は生活上必要かつ不可欠な手段であった。

　小グループではなく、百人近くをひとつのグループとして組むことに、どのような意味があるのか。競争を是とする市場原理からいえば、労働意欲の低下を招来するような、大人数での協業化は、競争の対極にある

写真3-1／3-2　震災前の志津川湾　過密養殖。震災後の志津川湾
（2010年、2011年宮城県漁協志津川支所戸倉出張所撮影）

ようにみえる。

　実は96人の協業化は、競争を促し品質保持に即した動きであった。戸倉地区では歴史的に、ワカメの養殖を中心に漁が行われてきたが、養殖ワカメが市場に流通して単価が下がったことから、カキの養殖が導入された。ワカメの養殖は漁場の間隔をあまり広げずに行われていたが、垂下方式と呼ばれるカキの養殖は、漁場の間隔を大きくあけなければならない。それにもかかわらず、ワカメの養殖の間隔に合わせてカキの養殖を始めてしまったために、過密養殖が進んでしまった。「これはどうにかしなければいけない」というのが、養殖漁師の共通認識であったが、養殖筏の台数を自分たちのグループだけが減らしても全体の変化はないという、諦めの声があった。

　ましてや、家族の生計を維持するために少しでも養殖筏の台数を増やして、最低ランクの品質でも、ある程度の数量を出荷して最低限の利益を上げたいという要求が先行する。その一方で、決められた漁場の外へ出て、栄養価が高い潮の流れに沿った場所で身入りのよい水揚げを得る、「闇」養殖という問題も多く存在した。

　つまり、過密養殖によって漁師ひとり当たりの収量は上げられるが、漁場が酸素不足でカキの餌となるプランクトンが循環せず、身入りの悪い低品質の水揚げしか得られないという、いわゆる「社会的ジレンマ」が震災直前まで深刻化していたのである。社会的ジレンマとは、個人が合理的に振る舞うと、社会にとって不合理な結果を招くような構造的葛藤を抱え込むことをさす。ハーディンはこれを、牧夫たちが稼ぎを上げようと共有地で羊を過放牧した結果、牧草がなくなり失敗した寓話にたとえて、コモンズの悲劇と呼んだ。

　1960年および2010年のチリ地震津波、台風や爆弾低気圧など度重なる自然災害にもかかわらず、それぞれの養殖筏を修繕するだけで、過密の

構造的問題は一向に改善されることはなかった。海という共有地におけるコモンズの悲劇（ハーディン）だったのである。大津波によってすべて何もかも流されたからこそ、このショックを利用しない手はないと関係者すべてが考えたのである。

　戸倉地区の養殖業者は、自然災害のリスク分散として、何種類かの養殖品目をかけ合わせてきたが、震災後の協業化の際に業種別に分かれると補助金の分配が煩雑になるので、ワカメ、カキ、ホタテの3種類の養殖業者をまるごとひとつにまとめることになった。3種類の養殖を行う養殖業者全員が「がんばる養殖復興支援事業」に参加することで、結果的に96人となった。96人の協業化とは、震災後残った志津川戸倉の漁師のほとんどを参加させるしくみである。

写真3-3　志津川がんばる養殖復興支援事業の話し合い（2012年5月29日戸倉出張所撮影）

　これは補助金分配の便宜的措置ではあるが、過密な養殖を回避する構造改革を促すことになった。震災前の３分の１の養殖施設を適正に配置して漁場を有効に活用し、施設の間隔を広げることによって養殖の品質向上が図られた。水揚げを震災以前の状態にまで戻すことを表層の復旧とすれば、品質保持を優先させて漁業権の区画割りを変えることは深層の改革に当たる。こうして、各人の漁業の区画利用権を白紙に戻すという「海のコモンズ化」が行われたのである。未曾有の震災に屈するのではなく、逆にそれを契機に従来の問題を一挙に解決し、未来を切り拓こうとしたのである。

（２）　災害時の弱者生活権の付与—石巻市北上町十三浜

　大津波によって宮城県石巻市北上町十三浜は、家屋が全壊し、船舶も90％が流失や沈没あるいは破損した。当初、地域住民の喪失感は先祖伝来の土地を捨てるのにも、何の躊躇もないほど深刻なものであった。それでも、地場産品のブランドとして確立してきたワカメの養殖を中心に再開した。

　十三浜は、主にワカメの養殖業を主体とする基幹産業によって、成り立っていた地域である。基幹産業であるということは事業の後継者が育ち、そこでの暮らしが成り立つことを意味している。震災前には堅実な現金収入の確保があり、漁協全体では共同販売で３億円、自主ルートでの販売で１億円以上の収益を上げていた。養殖ワカメの販売額として県内トップの実績である。旧北上町は昭和50年代には県内で出稼ぎ者数が一番多く、家族が離れ離れになる出稼ぎを解消するために、当時の青年団が中心となりワカメの養殖を試行し、ホタテやコンブの養殖を組み合わせてリスクを分散しつつ、１年を通じて漁業に従事する周年漁業を確立させてきた。養殖の技術革新に加えて、互いに競いあうことで品質を

写真 3 - 4　十三浜の津波（左）。佐藤清吾漁協運営委員長（当時・右）撮
　　　　　影（2011年 3 月11日）

写真 3 - 5　震災前の十三浜ワカメの選別作業（2010年 3 月22日）

向上させてきた。これが三陸ワカメひいては「十三浜のワカメ」というブランドをつくり上げてきた。

この養殖ブランドが確立するまでの過程には、個々の養殖業者による技術革新をともなっていた。垂下式から水平式といわれる養殖技術への転換である。この技法は、海水面に近づけることによって光合成を促進させ、獲れる量は目減りするがワカメの品質を向上させ、ワカメの下でコンブを養殖することを可能にした。養殖導入当時は、乾燥ワカメとして出荷していたが、他地域と差別化するためにボイルワカメと呼ばれる「湯通し塩蔵ワカメ」に、地域としていち早く取り組んでいる。ボイルワカメへの切り替えは、栄養素の保存・触感・風味それから美しい緑色のワカメを嗜好する消費者へのニーズに応えるものである。

浜ごと・漁家間で「あちらの家よりは良いものを」「(等級の)落ちたものは出せない」と品質を問う競争心が、地域のなかで働いていた。結果、さまざまなリスク分散はするけれども、そのリスクを超えてよい商品を出す覚悟を引き受けてきた。

自然とのリスクに向き合いながら漁業を成立させてきた十三浜で、震災後に復興・復旧のために真っ先に取り組んだ養殖の種目も、ワカメであった。ところが、十三浜では、浜ごとに被害が異なり、一部の浜では家も船も無傷に近いところがあった。その漁協員から養殖の協業化に対して、被害がなかった組合員はいままでどおり(平常時)の単独操業で行わせてくれないかという要望を漁協に対して出した。家族経営的な養殖業のあり方からいって、自分たちにも生活があり、それを守ろうとすることは当然のように思われる。そして津波に生活の糧を突然奪われ何もかもなくした人たちは、単独操業や個人の持ち分(船など)に対して何の発言権もない。

このような平常時の原則に対して、漁協による英断は、単独操業の要

望を拒否し、「ひとりが100歩進むことを許すわけにはいかないから、100人で一歩ずつ進む」選択、すなわちグループ協業化を選び意見をとりまとめた。船も作業場も家も流されて、絶望的に困窮している漁民が多数を占めているにもかかわらず、一部経済的な力のある人の意見を聞いて、そのまま通すと、組合として一緒にやっていく意味はないという判断からである。

大震災という「非常時」にみえてきた漁村の対応とそのあり方は、弱者に対する働きかけにとどまることなく、強者を含むすべてのコミュニティの構成員に対して、平準化を求めるものであった。それは、単に弱者が総有の一部である共有地を優先的にアクセス可能であることに限定されない。

たとえ経済的に余力のある人が収入を減じたとしても、全体としての考えからすれば、総有地の各構成員に対する完全平準化によって、地域から脱落者をひとりも出さないという方策である。とりわけ、生活弱者が地域コミュニティの大部分に及ぶ場合にも有効であることを示している。家族も財産も仕事もなくなった人びとにとって、明日からもこの地で暮らすことができるかどうかという将来に対する見通しは、経済的な支援だけではなく人びとの精神的な支柱も必要としているのである。

かりに水産特区により会社組織の中に漁民が組み込まれ、一定の給与を支払われ、単なる労務提供者ということになれば、品質向上や製品にかける彼らの熱意は削がれることになりかねない。海の豊かな資源を民間企業にも公平に分配するという単純な議論は、地域の現状や歴史にそぐわないだろう。もとより、三陸の漁村は地先漁業権によって支えられてきており、漁協メンバーが排他的に魚介を採捕し、養殖など海水面を利用する権利は、厳しい自然条件で漁家が暮らしていくための最も重要なものである。

　それにとどまらず、十三浜の例のような漁村の論理は、弱者生活権としての生活保障の機能をもちうる。この点は、「水産業復興特区」における富める人や地域を生み出して、それに追随させることで掬い上げる政策とは根本的に異なる。前者の全漁民均等割り制の論理は、ひとりの困窮者も出さないという福祉政策を含めた経済政策なのである。

（3）　早期の復興を支えた「沖出し」文化―気仙沼市唐桑町

　宮城県沿岸の北端に位置する気仙沼市唐桑町地域では、震災翌年の春にはワカメの出荷を迎えていた。図3-1からわかるように、震災1年後の復旧進捗度は、震災前の3～4％と報道されるなど、水産業の復興は道半ばというイメージがあるなかで、震災前年度比で150％という水揚高の伸びは、何を意味するのだろうか。

　震災後、まず住居や当面の生活費を確保するために、各浜で復旧に取り組んだ養殖品目は、ワカメである。ホタテ、カキ、ノリなどは、地盤沈下した陸地の処理施設の再建や、養殖期間に相当の時間を要するため、ロープ1本でしかも半年で成長するワカメに絞ったのである。しかしながら、他の地域に比べて、前年度比ベースでも異常な伸びを記録している。この背景にはワカメが促成栽培であるという利点のほかに、「沖出し」という、三陸特有の文化があったからである（今野 2013）。

　沖出しとは、地震後、津波の被害を受けないといわれる沖合の水深50メートルまで、いち早く船を移動する技術である。そのため、三陸沿岸を中心とした津波常襲地帯では、地震が起こると沖出しを行う慣習があった。もちろん、沖出しは大変危険と考えられており、漁協でも強く自制を促す指導を行っている。水産庁のガイドラインでは、漁民の命を守ることを最優先して禁止している。

　しかし、度重なる三陸の津波来襲のなかで、沖出しは漁師にとって1

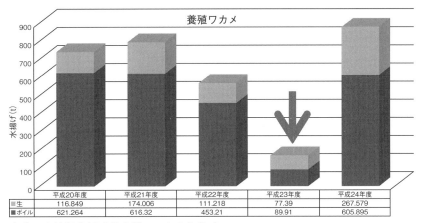

	平成20年度	平成21年度	平成22年度	平成23年度	平成24年度
■生	116.849	174.006	111.218	77.39	267.579
■ボイル	621.264	616.32	453.21	89.91	605.895

出典：宮城県漁協唐桑支所データより作成

図3－1　養殖ワカメ水揚高の推移（2008～12年度）

回限りの判断ではなく、彼らの生業の文化（＝身体化）となっている。沖出しは、命を賭した自己犠牲的な行為ではなく、自分の命を含めて、家族や漁師の第二の命である船を守りぬく、自己防衛的な行為である。沖出しが危険とされる理由には、津波の有無や予測が科学的ではなく、漁師個人の経験のみによって判断され、実行されることがあげられるが、実際には唐桑の養殖漁業者の大半が沖出しを成功させたことで、養殖船の8～9割の船が残ったのである。

　内湾に面しており、沖合までの距離が遠い南三陸町志津川では、震災前の3月時点で1,075艘あった船のほとんどを破損流失し、わずか55艘が残ったこととは対照的である。志津川では現在も「がんばる養殖復興支援事業」など、国の支援はあるものの、震災から2年を経過しても新造船は注文殺到で151艘（要請した460艘の約3分の1）が届かない現状であった。生活再建の上で、船の流失および新造船発注の遅延は、大きな足かせとなっているのである。宮城県の調査によれば、津波の際、係

留されていた船舶のうち3,156隻は津波によって陸に打ち上げられたが、9,800隻余りが生き残っている。これは県の登録船舶の約8割に当たる。少なくとも過半数の漁師が沖出しをした可能性を指摘する説もある（菅原 2011）。

　漁師にとって沖出しは、自分の命を守る行為ではない。津波から身を守るには、高台に避難するのが通例である。船に乗って磯にいたのであれば、津波の危険を避けて沖に向かうことは理解できるが、陸（オカ）にいた漁師が地震後、船を出して津波の方角に突き進んでいく行為は、常軌を逸するようにみえる。だが、漁師にとって船とは多くの習俗や禁忌（きんき）に彩られた特別な存在である。

　漁師も「（沖出しをして）船が残っていたから復興が早まった」と口々にいい、現在も養殖や漁船業は個人で行っている。自分の船でもち分の漁場へ出て、自らのペースで作業を進めていくことができるのは、漁師にとって明日への希望になっている。沖出しとは、船（自分）を生かすとともに、家族を養っていくことであり、親から受け継いだ生業を続けたいという欲求を満たす行為である。沖出しが、震災後の復興にかなり有効に働いていることは、揺るぎのない事実である。

　オカ（陸）の高台に逃げれば命は助かるが、船を流されることでその後の生活の糧を長期にわたって失うことになる。オキ（沖）へ避難することは、命を守ることと同時に生産手段を確保し、両方を同時に保障することになる。それはいい方を替えれば、行政の支援に頼ることなく、漁民自らが震災後の自力救済を果たしているといえる。さらに、沖出しは災害後の第二の津波ともいえる生活の困窮を未然に防ぐ機能を果たす。沖出しは、三陸沿岸史のなかで度重なる津波襲来を受けた漁民が海を忌避することなく、海に向き合い、恩恵を得るために編み出した、経験的な災害対処法であり、彼らの文化である。

3. 創造的破壊

　以上の3つの事例は浜ごとの独自性を示しているが、クラインの「ショック・ドクトリン」と照合すると、興味深いことがみえてくる。現在、水産業復興特区は、宮城県知事の強い熱意とは裏腹に、事実上の適用中止（県のお膳立てによる一件のみの適用）に追い込まれた。つまり、ショック・ドクトリンが"予告"するような、便乗型の市場開放には至っていない。いい方を変えれば、漁村のさまざまな独自の復興の取り組みが、結果として、市場による一方的な資源収奪を、未然かつ十全に防止しているともいえる。このことの社会的意味については、いま一度掘り下げて考えてみたい。

　単に元に戻る「復旧」であれば、漁協や漁村は、国が示した一律化された復興政策を利用したであろう。しかし、各浜は自らに合った復興政策をその都度取捨選択した。国などによる特区を含む各種の一律化された復興制度は、従来の漁業支援の役割を担うことができる。それに対して、浜独自の復興は、未曾有の大災害を契機として構造的な問題を解決する「創造的破壊」の観点から考えられている。

　戸倉地区の96人の協業化では、以前から抱えてきた「コモンズの悲劇」に対する危機意識を共有していた漁師たちは、震災前に湾を眺め、「津波が来ない限り、この漁場はどうにもならないだろう」と口にしていた。漁師たちは問題解決の方法を"従前に"知っていたのである。すなわち、協業化を「がんばる養殖復興支援事業」への申請手段とせず、生産基盤の構造転換の契機に変換したのである。限定的に考えれば、津波という自然災害をあたかも人為的に操作する側面があり、自然がもたらす外部条件を人間の文化・社会的な内部条件に変換することで、構造的問題を好転させる「創造的破壊」の絶好の機会にしているのである。

　3つの事例の順序に従って、国や自治体の政策から離れて漁村や漁家独自の自力救済が増している。十三浜漁協では、組合員全員が生活弱者となるなかで、陸（オカ）の論理ではなく、海辺で慎ましやかに幸せな暮らしを立てるにはどのような方策があるかという、ハマの論理から窮余の策が出されたのである。漁村には、災禍の際には「水揚げはみんなのもの」という全漁民均等割り制という論理と、「水揚げは個人のもの」という一家総取り制という、平時の論理が共存し、条件次第で使い分けることで、その土地で暮らしていくことを可能にしてきたのである。

　これらの論理は、国家が生活保障の復興政策に二の足を踏み、かつ県がまったくそれに反するショック・ドクトリン政策を実施するなかで、それらに代わる生活保障の機能を果たしている。海というコモンズの利用が経済的な生活弱者を吸収し、逆に、経済的強者を緩やかに排除することによって、経済格差による社会不安定化のリスクを避ける、社会価値の機能を備えているといえる。

4.　非日常を飼い慣らす

　たとえ、間隙を縫（ぬ）って外からのショック・ドクトリンに急襲されても、事前に在地のリスク回避として準備されたコミュニティ全員の生活手段の確保が、「ウミの秩序」として十全に機能している。ショック・ドクトリンの原理原則は、災害のショックで土地の秩序が乱れ、リスクが高まった隙に乗じて、秩序の回復前に"事前に用意された"市場経済の原理を、冷徹に遂行する狡猾さにある。しかし、災害を幾度も経験してきたコミュニティは、外からのショック・ドクトリンに対して、万全の態勢を敷いて意趣返しができる。つまり、創造的破壊をともなう内部の構造改革への変換という、内なるショック・ドクトリンである。

　そして、災害のショックに対してコミュニティは決して脆弱ではなく、

コミュニティのなかで伝承されてきたリスク認識から、生活戦略と災害
対処法を発展させてきたといえる。これがコミュニティにおける「在地
リスク回避」（菅 2005）である。

　震災後あたかも何事もなかったかのように、漁村が生業を遂行するこ
とに、海のアジール論の本質がある。すなわち、漁民に自由と生活を保
障するのが海のアジール論であるが、災害時における海のアジール（避
難場所）とは何か。それは、日常世界と切り離された千年災禍という非
日常のなかで、漁民が準拠する行動規範に埋め込まれているのであろう。
津波を回避するために船の沖出しを行い、生活弱者と水揚げを分かち合
う均等割りの論理を整備し、荒れた浜に自立した自前の救済空間を創り
出す。すなわち、漁民の行動規範は、外部の経済原理ではなく、在地の
論理から構築され遵守されている。日常においては潜在的であるが、災
害などの非常時に顕在化し発動される価値基準なのである。

　大震災という、大規模広域災害による長期の社会停滞を未然に回避し、
国の庇護も必ずしも期待できない現状に対して、漁民が災害後の生活を
自ら担保する。このことによって、災害後の生活手段と意思決定の自由
を漁民自らの手によって確保する。

　社会学に引きつけていえば、人びとの生活周期に自然災害を所与のも
のとして組み込み"所有"することで、災害リスクをコントロール可能
にして、災害後いち早く日常に回帰させるしくみを生み出している。そ
うした日常回帰の手法が、先の漁師の言葉に表れている。このように在
地リスク回避には、ある程度の自然災害の危険を予測し、長期的な生活
戦略を立てるスタティックなシステム安定化機能がある。このシステム
の安定性のために、外からのショック・ドクトリンが来襲しても、地域
コミュニティは、排他的な資本主義の侵入を撥ね退けることができる。

　しかも、コミュニティそのものを根こそぎ破壊するような大災害にお

58

いて、在地リスク回避からはみえなかったダイナミックな内部の構造改革が現れた。すなわち、リスクを回避することで在地のコミュニティは安定化すると考えられてきたが、そのコミュニティを破壊する大規模災害というリスクに真正面からぶつかったときの回復の処方箋も、生活手段の確保としてコミュニティのなかに組み込まれていた可能性がある。

　このような非常時における対処法は、それまでの日常の秩序を一時的に壊すような「創造的破壊」を含んでいる。戸倉地区における96人の協業化は、漁業権の慣習的な区割りをいったん白紙に戻す、かつてない試みであるが、方策そのものはすでにコミュニティ内部で暗黙の了解とされていた。また、石巻市十三浜では漁協（支所）の判断によって、一家総取り制という漁業慣習を一時的に緩め、均等割り制によって全員の生活手段を確保する危機対応を可能にした。

　本章が示してきたように、災害を契機とする内部の構造改革は、外からのショック・ドクトリンに抗したり、在地リスクの回避にとどまらない、内なるショック・ドクトリンなのである。震災の復旧にとどまらず、浜ごとに異なる構造的諸問題（後継者、漁業権、過密養殖、津波常襲地帯の海とのつきあい方など）に対して、身の丈に合った解決法を模索して対処するコミュニティの統制力が、内なるショック・ドクトリンである。

　この内なるショック・ドクトリンの活性化が、結果として新自由市場主義の台頭という外からのショック・ドクトリンを、未然に防いでいることが明らかとなった。一方的な利益誘導システムに依拠することなく、大災害という自然の外部条件を内部システムに取り込み、文化・社会の内部条件に変換させることで、創造的破壊を生み出している。内なるショック・ドクトリンは、問題に対する問いであるとともに答えとなるような、自己修復性と自己完結性を有しているといえるだろう。

参考文献

網野善彦、1996、『無縁・公界・楽―日本中世の自由と平和』平凡社

古川彰、2004、「村の災害と無事―「貧民漁業制」という仕掛け」『村の生活環境誌』世界思想社：202-212

金菱清、2014、「内なるショック・ドクトリン―第二の津波に抗する生活戦略」『震災メメントモリ―第二の津波に抗して』新曜社：65-96

今野雄太郎、2013、「早期の復興を支えた〝沖出し〟―海のアジール論」金菱清（ゼミナール）編『千年災禍の海辺学―なぜそれでも人は海で暮らすのか』生活書院：68-83

ナオミ・クライン、2011、『ショック・ドクトリン―惨事便乗型資本主義の正体を暴く（上・下）』（幾島幸子・村上由見子訳）岩波書店

齋藤宗成、2013、「96人の協業化の試み―社会的ジレンマにメスをいれる取り組み」金菱清（ゼミナール）編『千年災禍の海辺学―なぜそれでも人は海で暮らすのか』生活書院：218-232

菅豊、2005、「在地社会における資源をめぐる安全管理―過去から未来へ向けて」松永澄夫編『環境　安全という価値は…』東信堂：69-100

菅原秀、2011、「沖出しの記憶」『公評』48（6）：26-33

鳥越皓之、1997、「コモンズの利用権を享受する者」『環境社会学研究』3：5-14

浦野正樹、2007、「脆弱性概念から復元・回復力概念へ―災害社会学における展開」浦野正樹・大屋根淳・吉川忠寛編『復興コミュニティ論入門』弘文堂：27-36

4 | リスク論

《目標＆ポイント》 生命(いのち)は大切である。これには誰しも首肯(しゅこう)し否定する者はいないだろう。2万人余りの死者行方不明者を出した東日本大震災では、そのほとんどが津波による被害であった。津波は内陸地震と違って海底プレートによって生じるものなので、海を遮断すれば陸で生活している人間は助かることになる。震災後数10メートルを超える大津波が到達した沿岸部では、巨大な防潮堤が次々と建設された。

　それに対して、現場から高い防潮堤に対して賛成は少なく、多くの反対意見が表明された。被害を最も受けるであろう人びとが、なぜ真っ先に異を唱えるのだろうか。実は、沿岸に暮らす人びとにとって、海は一方的に災厄を及ぼすものではなく、恵みをもたらす存在でもある。究極的には、防潮堤の高さはゼロメートルでもよいと思っている沿岸の住民もいる。

　ここでは日常と災害という非日常、生者と死者、この両方をつなげる「ウミ・オカの交通権」を学ぶ。津波や原発の単発リスクを生活全般の危険にまで拡げることで、柔軟な災害対応の新たな思想と関係性の倫理を考える。
《キーワード》 リスクへの向き合い方、沖出(おきだ)しと陸出(おかだ)し、ウミ・オカの交通権

1. 生命第一優先主義への疑義

　東日本大震災がわれわれに突きつけた重要な問いのひとつに、災害リスクと今後どのように共存していけばいいのだろうか、という問題がある。そのなかでも、防潮堤に対する反対をわたしたちはどのように捉えればよいか。普通に考えれば、あれだけの大津波を受けたわけであるの

で、防御策として津波浸水高に応じた高さの要害堅固な防潮堤を建て、そして高台に住居を移すことは一見合点がいくように思える。

　東日本大震災の復興構想会議の検討部会長を務め、復興庁の復興推進委員会委員を務める識者も、それを次のようにいいあてている。

　「高台移転は究極の津波防災策である。予想される最大浸水域の外側に移転してしまえば、津波から逃れることができるし、もし予想が外れてさらに大きな津波に襲われても、被害は軽微であることが予想できる。海に近い場所であれば、そうした浸水域から外れる地域は、高台であることが普通であるから、災害から逃れるための移転は、高台移転に代表される。・・・（中略）・・・防潮堤の整備なしに安全を確保することは難しく、防潮堤の高さについても、今回のような手厚い財政支援を受けられるときに、できるだけの規模の防潮堤を建設することで、安全を確保したいというのは自然な発想である」（『「国難」となる巨大災害に備える』2015：390-2）。

　これは至極真っ当な意見である。ただし、問題は、当の津波を受けた被災地の当事者から、このような防潮堤のあり方などに疑問が出てきたことについて、わたしたちはここで考えておく必要がある。震災から時間が経過し、その方途はひとつではなく、いくつかの異なる解決策をもった災害リスクとの向き合い方として立ち上がってくる。

　東日本大震災後、政府や自治体は避難行動について独自に個々の判断に委ねるのではなく、総合的に防災計画を構想しようとしている。とりわけ、直近の災害の被害に応じて被災した土地利用のあり方に、各種の制限が設けられている。たとえば、津波の浸水域にもとづいて住宅建設などを全面的に規制する災害危険区域指定や、今回の津波の浸水高にも

表4-1　宮城県・岩手県の海岸堤防高設定

地域沿岸名	津波痕跡高	対象地震	沿岸堤防高(m)
唐桑半島東部	14.4	明治三陸地震	11.3
唐桑半島西部①	24	明治三陸地震	11.2
唐桑半島西部②	13.8	明治三陸地震	9.9
気仙沼湾	14.6	明治三陸地震	7.2
気仙沼湾奥部	8.9	明治三陸地震	5
大島東部	12.1	明治三陸地震	11.8
大島西部	12.1	明治三陸地震	7
本吉海岸	18.8	明治三陸地震	9.8
志津川湾	20.5	想定宮城県沖地震	8.7
追波湾	14.9	明治三陸地震	8.4
雄勝湾	16.3	明治三陸地震	6.4
雄勝湾奥部	16.3	明治三陸地震	9.7
女川湾	18	明治三陸地震	6.6
牡鹿半島東部	20.9	明治三陸地震	6.9
牡鹿半島西部	10.5	チリ地震	6
万石浦	2.4	チリ地震	2.6
石巻海岸	11.4	高潮にて決定	7.2
松島湾	4.8	チリ地震	4.3
七ヶ浜海岸①	8.9	明治三陸地震	5.4
七ヶ浜海岸②	11.6	明治三陸地震	6.8
仙台湾南部海岸①	12.9	高潮にて決定	7.2
仙台湾南部海岸②	13.6	高潮にて決定	7.2

http://www.pref.miyagi.jp/uploaded/attachment/43036.pdf
宮城県沿岸における海岸堤防高さの設定
平成23年9月公表の資料に基づく

地域沿岸名	津波痕跡高	対象津波	沿岸堤防高(m)
洋野・久慈北海岸	12	昭和三陸地震	12
久慈湾	13.7	昭和三陸地震（東日本大震災）	8
久慈南海岸	14.5	昭和三陸地震	12
野田湾	21.4	昭和三陸地震	14
普代海岸	18.4	昭和三陸地震	15.5
田畑海岸	23	昭和三陸地震	14.3
岩泉海岸	20.2	昭和三陸地震	14.7
田老海岸	16.3	昭和三陸地震	14.7
宮古湾	11.6	明治三陸地震	10.4
重茂海岸	21.8	明治三陸津波	14.1
山田湾	10.9	明治三陸地震	9.7
船越湾	19	明治三陸津波	12.8
大槌湾	15.1	明治三陸地震	14.5
両石湾	22.6	昭和三陸地震	12
釜石湾	10.1	明治三陸地震	6.1
唐丹湾	21	昭和三陸地震	14.5
吉浜湾	17.2	想定宮城県沖地震	14.3
越喜来湾	16.9	昭和三陸地震	11.5
綾里湾	23.8	想定宮城県沖地震	7.9
大船渡湾外洋	17.4	昭和三陸地震	14.1
大船渡湾	10.4	明治三陸地震	7.2
大野湾	16.6	昭和三陸地震	12.8
広田湾外洋	15.2	明治三陸地震	12.8
広田湾	18.3	想定宮城県沖地震	12.5

http://www.pref.iwate.jp/view.rbz?cd=41052
岩手県沿岸における海岸堤防高さの設定
平成23年10月公表の資料に基づく

とづいた10m 以上もの高さの防潮堤建設（T.P.10.8m などと表示される。防潮堤の高さの T.P. は東京湾平均海面を表す基準を採用している）などがその一例である。宮城県の気仙沼地域でも、中心市街地をはじめ離島の大島や唐桑を含め、周囲をぐるりと取り囲むかたちで、５m〜11.8mもの直立式堤防の建設が宮城県から示された（表４-１）。

　三陸沿岸では、昭和８年の昭和三陸大津波の後にも、明治29年と昭和８年の三陸大津波の被害に準拠した、同様の住居規制（海嘯罹災地建築取締規則）が設けられている。東日本大震災の大津波を経験した者にとって、このような海辺での居住制限は当たり前のように受け止められるかもしれない。

2. リスクへの向き合い方

　第１章で示したように、東日本大震災の津波に浸水した区域を日本全国にあてはめた場合、その面積は日本の国土の10％に該当し、そこには日本の総人口の35％（4,438万人）が居住している。条件を標高10m 以下に絞り込んでみても、総人口の20％に該当する２千万人もの人間がそこに住んでいる。

　つまり、仮に東日本大震災で被害を受けた地形の条件を有する、日本の土地面積すべてに住宅建築規制を設定した場合、膨大な数の人間が移住を迫られることになるだろう。移住が想定される土地も、平坦な岩盤が強固な所ではなく、山岳地帯に囲まれた日本にあって、津波の被害を受けやすい沖積平野にあまりにも多くの人びとが住んでいることは、むしろ理に適っており、それを移住させることはかなりの強制力を必要とするだろう。このことがいかに非現実的な対応であるかということがわかる。

　すなわち、津波によって大きな被害を受ける可能性が高いすべての土

地から、一切の居住者が去ることは実質的に不可能であるという動かしがたい事実である。今回と同規模の地震と津波のリスクがゼロに近い場所に、すべての人が住むことができない以上、われわれに問われているのはどのようにして災害リスクと共存すればいいのか、ということである。言い換えれば、リスクを完全に排除するのではなく、どのようにしてリスクと共存すればいいのかを考えることが実践的に求められている。ここにリスクとの向き合い方の分岐点がある。

　津波の死者のみならず、宮城県唐桑半島や牡鹿半島では、遠洋漁業との関わりもあり、海で家族や仲間を亡くしたケースは多く、津波自体、三陸の海に生きる人びとにとって、海難のひとつであることを示す。東北の浜の集落には、海難供養塔や海之殉難者慰霊碑など海での物故者を祀る 碑 が至る所に建っていたり、戦時中の海軍による漁船の徴用など、海に生きる人びとは、天災や戦災に巻き込まれつつそれから逃げることなく向き合ってきた（結城 2015）。

3. 千年に１度／数十年に１度の議論の無効

　今回の大津波の後、国の中央防災会議「東北地方太平洋沖地震を教訓とした地震・津波対策に関する専門調査会」において、ふたつの基準（Ｌ１／Ｌ２）をつくり、リスクとの共存策をかたちのうえでは志向している。国土交通省は、津波対策として数十年から百数十年に１度の頻度でおとずれる規模の津波の高さを Level 1 （最大クラスの津波に較べて発生頻度は高く、津波高は低いものの大きな被害をもたらす津波）、数百年から千年に１度の割合でおとずれる当該地域で最大規模の津波の高さを Level 2 と区分し、前者においては防潮堤の内側の人命、財産の保護と経済活動の継続を目指すのに対して、後者において目指されるのは防災ではなく、減災としている 。

写真 4 - 1 / 4 - 2 海が見えるように窓を設置した防潮堤（釜石港）佐々木博之撮影（上）。田畑を守るようにして建設された巨大な防潮堤（陸前高田）筆者撮影（下）

　L2（発生頻度は極めて低いものの、発生すれば甚大な被害をもたらす最大クラスの津波）レベルの津波においては、人命を守ることが何より優先され、防潮堤内の浸水は許容されている。つまりここで明らかなことは、国や自治体も津波被害を完全に封じることは不可能だとして、次善策としてL2対策に舵を切っているということである。

　しかしながら、実際に宮城県沿岸部の各被災地で見受けられるのは、数十年から百数十年に1度の規模で想定されているはずの、L1レベルの津波に対する対策への異議申し立てである。津波が堤防をのぼるせり上がりや地盤沈下によって、沿岸の防潮堤築堤の計画案では軒並み10mを超す防潮堤が予定され、すでに建設済のところもある。震災瓦礫の撤去もままならない時期に国が防潮堤建設の説明会を設け、誰もそこに来なかったことをもって了とするなど地元との合意形成が形骸化していたり、防潮堤建設を呑まないと土地区画整理が進まず、まちづくりが遅延すると半ば強引に進められたケースもある。

　今回提案された、L1の津波に対応した約10mの高さの防潮堤に異を唱えているのは、今回の津波で家屋を流失しているはずの三陸沿岸、気仙沼市唐桑の漁業集落の住民および内湾の市民たちなどである。なぜだろう。

　防災の専門家である片田敏孝も、防災は行政の役割という考え方が当たり前になっているが、これはとても危険だという指摘をしている（片田 2015）。危険地域に堤防をつくるのは行政の仕事、浸水想定区域をハザードマップで示すのも行政の仕事、避難の必要があれば防災無線で知らせてくれる。これらは、自分の命を守ることに対する主体性が失われ、災害過保護的状態が顕著で、その結果として人為的につくり上げた安全は、物理的、確率的な安全性を高めたが、同時に人間や社会の脆弱性をかえって高めることになっていると、警鐘を鳴らしている（同上：194）。

　計600か所、総延長400km を超える巨大防潮堤は、建設費だけで1兆円を超え、その後の地方自治体がもつ維持管理費を含めた巨額の国費が投じられた。果たして、巨額な予算に見合うメリットはどうなのか。通常、これらはコスト・ベネフィットといわれる費用対効果の経済的な計算から試算される。ベネフィットには地域の景観や生態系の破壊なども含まれている。このことも見越して、農水省や国交省の海岸管理部局に宛てての通知では、留意事項として、「（堤防の高さは）海岸の機能の多様性への配慮、環境保全、周辺景観との調和、経済性、維持管理の容易性、施工性、公衆の利用等を総合的に考慮しつつ、海岸管理者が適切に定める」ものとしている（高成田 2014）。

　コスト・ベネフィット論が陥りやすい問題点は、全国一律の議論として、何を守りたいかということが捨象されて、すべての価値が等価なものとして平均化される点にある。それに対して、とりわけ宮城県気仙沼

写真4-3　第5回防潮堤を考える会（気仙沼2012年8月24日）

地域が、市をあげて巨大な防潮堤に対して反対している理由を探ってみると、必ずしもこのコスト・ベネフィット論では収まり切らない"文化的価値"が歴史的にみても比重が高く、防潮堤をつくらない方向に向かわせていることがわかってきた。

　なぜかならずしも海に関係しない人まで巻き込んで気仙沼市民はこのように巨大な防潮堤建設に関心をもち、異議を申し立てるのだろうか。以下、沖出しと陸出しというふたつの観点からみてみたい。

4．在地リスク回避

（1）　在地リスク回避

　民俗学者の菅豊は、自然災害や環境リスクに対して社会が認識を共有し、危険を回避しようとすることを「在地リスク回避」（菅 2005）と呼んでいる。菅によれば、地域コミュニティおよびその構成員が、リスクを認識し、それに規定・保証され、知識・技術を「共有」し、危険を最小化する点にこそ、在地リスク回避の最大の特徴がある（同上：75）。メンバーはある程度利害を共有し、共通のリスク観測をもつ。社会は、個人の行動を左右するシステムの構築・維持の能力を有する。その意味で、リスク回避の主体は、公である国家と私である個人の中間的集団として立ち現れる、在地の中間集団＝地域コミュニティであるといえるだろう。

　地域コミュニティにおける在地リスク回避のシステムは、基本的に最低限の生活の必要を充たすための社会的仕掛けとして成立し、維持されてきたと考えられる。それは、リスクそのものを回避するのではなく、被害を受けたときの補償や埋め合わせを確保する生活戦略であり、災害対処法である。このシステムは、社会の生産性を高めるとはいえないが、自立した内部経済や自給によって、生活を「低いところ」で安定化する

ことに役立つ。

（2）　命と生活の両方を保証する"沖出し"

　三陸沿岸の漁師は地震による津波の襲来に備えて、陸に逃げるのではなく、津波の中心すなわち沖合に向かって出航する。その行動は、「沖出し」と呼ばれている。なぜ安全な陸ではなく、危険とも思える沖合である海にあえて向かうのだろうか。そしてこのことは高い防潮堤への反対とどのように関係しているのだろうか。

　沖出しは、第3章でみたように、水深50m の沖合に行くことができれば、津波の被害を受けないといわれている。沖出しは大変危険な行為であるため、漁師の間でも、3.11の大地震の2日前にも強い地震があり、家族でもし津波が来たら、船は繋がれているし、たとえ船を捨てても裏山へ逃げようと家族で話し合っていたが、震災当日言葉と体は違っていて海に船を出す漁師もいた。

　これらは、「家よりも船を救え」「船は漁師にとってみれば女房みたいなもんだ」という教えとも重なり、単にその後の経済的な理由や生業の場所として飲食をしたり、寝たりする生活の場所であり、かつ神などを祀る神聖なものでもある（川島　2012：110-3）。

　経験的事実としてみれば、津波襲来以降の経済活動でも沖出しが優位に働くことがわかる。たとえば、宮城県気仙沼市唐桑の養殖漁業者の大半が10数分かけて沖出しをすることで、8～9割の船が残り、わずか半年で商品として期待できる促成栽培の養殖ワカメを積極的に導入し、震災の年の秋にワカメの種付けをし、震災翌年の春には養殖ワカメの出荷を迎えることができている。震災前年の実に1.5倍の伸びを示し、普段の年よりも多い水揚げ高を記録している（第3章参照）。漁師たちは沖出しの結果だと考えている。

　沖出しについて気仙沼市唐桑では、地震が起きて、周りが動揺している間に沖出しの可否を適切に判断して、すぐさま行動に移し、死ぬかもしれない自己犠牲的な行為ではなく、人（家族）や船（漁師の第二の命）、この両方を守り抜く自己防衛的な行為とみなして、「海のアジール」論と位置づけている（今野 2013）。沖は、漁民にとって自由と生活を保障する海の「アジール（避難場所）」（網野 1996）である。だからといって特別な場所ではなく、通常期に養殖などで収入を得る地先の海が磯だとすれば、6、7月の比較的余裕がある時期にマンボウなど自家消費用の魚を獲る海が沖である。したがって、沖は未知の海ではなく、慣れ親しんだ場所でもある。そしていざというときの緊急避難場所として、沖合が位置づけられている。

　漁師は自らの自由を得るために唯一の沖合へと向かう。そして彼らは海を望めるところに住みたいと必ず言う。起きてまず朝に海を眺めることで、その日の様子や"機嫌"がわかると言う。家や仕事場を奪われ、女房とまでいわれる船を失うことは、彼らにとって死ぬことよりも怖いことになる。だからウミのものは津波の方向へと自然と向かうのである。陸から、浜、磯、沖へとつなぐ広がりは、決して陸と海が離れていない感覚なのである。

（3）　海からすべてのものがやってくる"陸出し"

　以上が陸から海へ向かって生活と生命の両方を守る沖出しであったが、今度は気仙沼市といえば報道のカメラによって海とまちが映し出された内湾地区には、すべてのものが海から陸へと向かってくる"陸出し"の地域文化が存在する。

　気仙沼の内湾地区は、海に面しているが、海と人とが分断されずにつながっている感覚が強いまちである。それを指して、長靴ひとつでその

（出典）佐藤正助『目で見る気仙沼・本吉・登米の100年』郷土出版
社（2000）

写真4-4　昭和初期の気仙沼海岸のサンマ大漁の水揚げ風景

まま海上の船から降りてぶらぶら歩けるつながりを指して「第二の故
郷」とか、サンマなどの大漁の水揚げを桟橋で渡してすぐに揚げられる
姿を指して「陸出し」という表現を使うことがある。

　海からの恵みが直接陸まで持ち込まれる様子を指しているが、実際、
魚は買うものではなく、いただくものである感覚で、焼き魚や煮物では
なく、生の刺身で出されることが多く、魚に飽きるほどである。魚市場
からトラック一杯に積まれた魚がカーブを曲がるときバラバラと何百匹
も落ちて、それを拾い夕飯の食卓に並ぶこともあったという。常にまち
には魚の匂いで満ちていて、気仙沼の町そのものが海との生業で成り
立っている港町である。

　今回被災した造船所では、近海 鰹 鮪 漁業、遠洋 鮪 延縄漁業、サン

マ棒受網漁業、大目流し網漁業などの中・大型漁船の建造・修理にあたってきたが、その規模は東日本随一の規模を誇る。気仙沼港の岸壁には多くの船舶が停泊しているが、よく見ると他県のプレートがはめ込まれた船がほとんどである。「天然の良港」と呼ばれ、錨をおろさなくてもよいほど、低気圧や台風などの気象条件に左右されにくい。そのため、多くの他県の漁船が利用してきたが、同時にそれを受け入れる気仙沼地域が他県の漁船である廻来船の整備を行ってきた港湾都市である。

　気仙沼魚市場では、震災前には入港を希望する漁船を断ったことは基本的になく、漁船にとってたいへん使い勝手のよい港であった。そのため、生鮮鰹の水揚げは震災前14年連続の日本一を続けていた。

　防潮堤と気仙沼の市民との関連を現地調査した佐々木広清は、“身水性”という言葉を使って説明しようとしている（佐々木 2013）。通常私たちが用いる親水性という言葉を超えて、気仙沼市民が海と接している感覚は、五感という身体を通じて感受している。海で遊ぶことによる触覚、食を通して感じる味覚、魚、潮の匂いを通して感じる嗅覚、潮騒を通じて感じる聴覚、幻想的な海霧や港まつりで海上に上がる花火を見ることによって感じる視覚でもある。海はもはや一心同体であり、五感に染みわたっている空気のような存在で、防潮堤によって人間と海とが分断されることに対して、あまりにも身体化しているがゆえにそれに反対する「言葉」がみつからなかったと住民を擁護している。

　彼らの生業も造船所、魚問屋、乗組員の保養施設・飲食街、製氷・冷蔵庫などの漁業関連設備、水産加工場など、すべて陸からではなく、海からの恩恵を受けて成り立っている。魚問屋といわれる他県の漁船を受け入れるシステムがある。魚問屋は、気仙沼港以外の港に籍を置く船に対して、船主に代わって「船の仕込み」といわれる食糧や燃料などの物資補給の手配、船の修理、魚の販売、魚市場業者との精算の仲介、信頼

の置ける乗組員の補給、情報提供、漁協からの乗り出し資金の引き出しなどこれらすべての業務を執り行う。ここにも、造船、鉄工、電気、無線、食品等、多業種が関わってくる。多くの産業が海と関わる生業で暮らしを立てていることがわかる。

　さらに、一見海と関係の無いようなパチンコ業や映画館なども、海の恩恵を被っている。それは長靴でぶらっと入場でき、第二の故郷という気楽さもあって、公衆浴場、旅館、飲み屋などの飲食業、映画館、ボウリング場やパチンコ店などの遊技場が、長く船内に閉じ込められ「独房」とまで称される船内にいた乗組員は、遠洋漁業からのひとときの開放感を気仙沼で味わうことができる。幅広い職種が関係することでも、海との関係を切り離すことはできない。そして、気仙沼市や商工会議所なども他県や他市に赴いた誘致に積極的だった。

写真4−5　「無」防潮堤だった気仙沼内湾魚町の河岸（2007年11
　　　　　月9日）

　船着き場では早朝から船が流行歌を流し、選曲や音量で船員たちが競い合い、海からハイカラな文化としてそれらを摂取していた。陸出しは、異文化に触れ、舶来文化を摂取する最先端の場でもあった。中学校の校舎の新築なども、定置網の大豊漁の年には、漁協から多額の寄付で行政に頼らないかたちで建設されたりもした。海の賜物を再分配し地域に還元する仕掛けがあちらこちらにあった。

　多くの気仙沼の住民は「（気仙沼の内湾は）海と陸がつながっている町だ」と考えている。これは、抽象的なレベルではなく、言葉にはならないが、先にみたように身体的なレベルでの"当たり前"の日常感覚なのである。そして佐々木は、気仙沼に高い防潮堤を築くことは、気仙沼が死の町になることを意味し、海と住民が相互に紡いできた歴史、文化や記憶という一切のものが住民から切り離されることを意味するという（同上：62）。

（出典）『目で見る気仙沼の歴史』気仙沼ライオンズクラブ（1972）
写真4-6　チリ津波で被害を受けた旧魚市場前（昭和35年）

　気仙沼市の内湾地区は、他の港町と異なり街全体が海と何らかの関わりをもっている点が特徴的である。この文化的歴史的価値を大切にしている証拠として、約60年前の1960（昭和35）年に起きたチリ地震津波では約1.5m の高さの津波を経験し被害を受けているが、それでもなお、当時の防潮堤建設計画を拒否し、防潮堤が無いまま現在に至っていた点である（写真4-5）。究極的には気仙沼の人びとにとって防潮堤は、必要ないものであるとさえいえる。

5. 「ウミ・オカの交通権」を断ち切る防潮堤建設

　以上をみてもわかる通り、人・物・情報・金・文化といったあらゆるものがウミを通してオカ（気仙沼）に入り、そしてまたオキへと出ていく。オキ出しとオカ出しに共通するものは、ウミとオカが地続きのようにつながっているという点である。海を通して気仙沼は吸ったり吐いたり呼吸をしているのである。ここでは、海を介するあらゆるものの往来を「ウミ・オカの交通権」と名づけておく。そして海との暮らしは、とりわけ気仙沼市中心市街地である内湾においては防潮堤がまったく"無い"ことで成り立たせてきた歴史をもつ。

　言い方を換えれば、これまで防潮堤がない暮らしを彼らが選択することで「ウミ・オカの交通権」を確保し、それを拡充させ、海からの恵みを最大限享受してきたのが、気仙沼内湾地区である。ウミの恵みのみを享受して、津波などの災厄のみを排除することはできないと考えている。自ら災厄を引き受けることで、それ以上の恩恵ひいては人生そのものを海に依存させて生きていこうという決意に似たものに聞こえる。

　大津波で海のすぐそばにあった自宅をすべて流失し、漁具を仕込んでいた店舗も大きな被害を受けた齋藤欣也は、「防潮堤を立てると海と"喧嘩"をするようなもので、何かよからぬことが起こる。海を怒らせ

てしまうのではないか」という怖れの感覚は言語化されないが、すべてのものを流されてもなお、海に対する信頼があることは、日常生活で当たり前の感覚として海とのつき合いを示しているといえるだろう。

　陸から人・物・情報・金・文化が入ってきたのではなく、それらは圧倒的な比率で海を介して気仙沼に入り込み、そして出ていくのである。ウミ・オカの交通権は人びとの死生観すらも決定づけている。気仙沼では満潮に生まれ、引き潮に死ぬと昔からいわれている。

　「ウミ・オカの交通権」によって、気仙沼のまちが歴史的に発展してきたことが、防潮堤がないことによってもたらされた結果であるならば、防潮堤建設は「ウミ・オカの交通権」を断ち切ることにもなりかねない。それこそ気仙沼の人びとにとって「何かよからぬことが起こってしまうのではないか」という、未経験の災禍に巻き込まれる危機なのではないだろうか。

　以上のことは、リスクと危険を置き換えることができる。一般的にリスクと危険は同じ意味で使われるが、学問的には明瞭に分けられている。この使い分けを用いるならば、たとえば防潮堤のリスクと危険がより明瞭に理解することができる。社会学者ルーマンのリスク論の研究者である小松丈晃の論理に依拠しながらみてみよう（小松　2003：31-2）。リスクとは、未来の損害の可能性が、自ら行った「決定」の帰結とみなされ、そのような決定に未来の損害が帰属される。他方、危険とは、そのような未来の損害の可能性が自分以外の誰かや何か（社会システムも含む）によって引き起こされたものだとみなされ、そのように帰属される。損害の責任の帰属の違いによって、リスクと危険が使い分けられる。

　社会がさらされている脅威の量や程度が問題なのではなく、その損害の帰結を、自然や宿命や神にではなく、何らかの社会システムの行った決定に帰属することへの感受性が高まっている、ということが近代と

「リスク」とを極めて密接なかたちで結びつけている（同上：38）。津波をリスクとしてＬ１／Ｌ２の指数で評価し、高い防潮堤によって防ぐ、このようなシステムに津波のリスクを帰属させるということになる。

そして、単にリスクと危険が分かれるだけでなく、この両者は密接不可分に結びついていて、ひとつの同じ事柄がリスクであると同時に、危険であるという指摘もしている。つまり、「決定者がある時点において決定を下したことによって、他方の人びとの未来が、「危険」に満ちたものとして現象してしまう」（同上：47）。自然現象の津波をリスクとして捉え防潮堤で防ぐことで、誰かではない未知の何かによって引き起こされる危険を呼び起こすことになる。

千葉は、それを自然や死者との倫理的関係の回復と呼んでいる（千葉2014：143）。海とともに生きてきた災因・福因ともに属する、両属関係が浜にあったのであるが、災因という津波に対する防潮堤ばかりが強調される、アンバランス性の修復を考えるべきときだという指摘は、リスクを捉える際にまことに的を射ている。防潮堤の問題はそれだけにとどまらず、大震災以降進められている復興のあり方そのものにも、共通する視点であるように思われる。

すなわち、復興における合理的で論理的な政策が正しいものとして、人びとの上に押しつけられている。千葉が個人的理由として、反対する理由が小さな声に押し込められて、危険で誤ったものとして安全の背景に退けられることにこそ、問題の本質がある。つまり、上からの善行的な安全の政策は、生命優先第一主義から巨視的に海辺を捉え、安全な高台・防潮堤・危険な海へと分断／配置する視線である。

それに対して、住民のそれは自分たちの生活世界に配置された生活資源として海をみ、そこに入り、神として崇め信仰し、そこから恵みを受けてきたものの視線である。「ウミ・オカの交通権」は、後者の一見非

合理的で言語化されない、ローカルな知のありようのなかに権利性が発生していたのではないかという、従来の安全工学とはかなり異なる見方の提供でもあるだろう。

参考文献

網野善彦、1996、『無縁・公界・楽―日本中世の自由と平和』平凡社

千葉一、2014、「海浜のあわい―巨大防潮堤建設に反対する個人的理由」東北学院大学編『震災学』4 荒蝦夷：135-143

今西肇、2012、「気仙沼市南町およびその周辺地区の復興に向けての提案―海と共生する気仙沼市中心市街地の新たなまちづくりを進めるために」『東北工業大学新技術創造研究センター紀要 EOS』25（1）：27-40

金菱清、2014、「「海との交渉権」を断ち切る防潮堤―千年災禍と日常を両属させるウミの思想」『震災メメントモリ―第二の津波に抗して』新曜社：141-160

金菱清、2016、「リスク―ウミ・オカの交通権がつなぐもの」『震災学入門―死生観からの社会構想』筑摩書房：101-126

片田敏孝、2015、「命を守る防災」災害と文明取材班編『災害と文明』潮出版社：193-198

川島秀一、2012、『津波のまちに生きて』冨山房インターナショナル

気仙沼漁業協同組合、1985、『気仙沼漁業協同組合史』同組合

気仙沼魚問屋組合、2001、『五十集商の軌―港とともに　気仙沼魚問屋組合史』同組合

小松丈晃、2003、『リスク論のルーマン』勁草書房

今野雄太郎、2013、「早期の復興を支えた"沖出し"―海のアジール論」金菱清（ゼミナール）編『千年災禍の海辺学―なぜそれでも人は海で暮らすのか』生活書院：68-83

公益財団法人ひょうご震災記念21世紀研究機構編、2015、『「国難」となる巨大災害に備える―東日本大震災から得た教訓と知見』ぎょうせい

長峯純一、2013、「防潮堤の法制度、費用便益、合意形成を考える」『公共選択』59：143-161

佐々木広清、2013、「命を守る防潮堤を“拒否”する人々─地域社会の紐帯を守るために」金菱清（ゼミナール）編『千年災禍の海辺学─なぜそれでも人は海で暮らすのか』生活書院：46-67

菅豊、2005、「在地社会における資源をめぐる安全管理─過去から未来へ向けて」松永澄夫編『環境　安全という価値は…』東信堂：69-100

高成田亨、2014、「防潮堤の社会政治学」東北学院大学『震災学』4 荒蝦夷：98-112

結城登美雄、2015、「小さなつどいとなりわいがつなぐ復興」『世界』867号：94-100

5 | コミュニティ論

《**目標＆ポイント**》　災害後、行政を中心に立てられる復興計画は、予算規模と時間的制約によって、どうしてもハードを中心とした上からのレディーメイドのまちづくりにならざるを得ない側面がある。そうなると、住民は社会的惰性と呼ばれる巻き込みのなかで、無関心と受動的な姿勢になり、関わりの機会を失うということが生じる。発災→避難所→仮設（みなし）住宅→公営住宅といったかたちで、被災者は転々と移住を余儀なくされ、地域コミュニティの紐帯などが細断され、孤立化する傾向にある。

　バラバラにされながらも、住民本来のコミュニティの枠組みを維持しながら、住民の／住民による／住民のためのオーダーメイドのまちづくりがどのようにできるのかを考えたい。そこには、①市民協働のパートナーシップの仕組み、②住民参加、③住民の権利と責任にもとづく「物語復興」が描けるかどうかにかかっている。

《**キーワード**》　細断されるコミュニティ、社会的惰性、オーダーメイドのまちづくり、物語復興

1. なぜ災害が起きると、まとまりのあるコミュニティが必要なのか

　災害後のまちづくりは、行政の復興計画に則った既成のまちづくりになっている地域も少なくない。災害後に、抽選により幾度も社会的紐帯が細断されると、剥き出しの個人が生み出されやすくなる。その個人は社会的に弱い存在である。その負の結果として、社会的紐帯を弱体化させ、集合住宅の個室での孤独死や自死、アルコール依存や認知症

の進行を次々に高めることになった。それに対して、本章では、なぜ被災者はバラバラにされながらも、コミュニティの枠組みを保持しながら自分たちによる、"オーダーメイド"のまちづくりができたのかを考えてみる。災害が起こってから、性急に求められる上からの復興のあり方とは異なるコミュニティの姿を提示する。

　では、災害が起こってから、なぜコミュニティは必要とされるのだろうか。普段はコミュニティ意識が希薄にも関わらず、急ごしらえで災害というインパクトに対して、コミュニティが叫ばれる。災害のインパクトは、潜在的にもっていた社会の脆弱性（バルネラビリティ）を顕在化させるだけでなく、それを最も社会的弱者に負わせる性質を強くもつ。そのため、普段はコミュニティを意識していなくても、個人への過度な負担を和らげる被膜（オブラート）としての役割を、コミュニティは社会的に期待される。

　普通ならば、熟議を重ね人びとの民意が通うような、コミュニティベースのまちづくりが、現場レベルで大切である。しかし、災害後の行政計画と復興期間の限定のなかで、下からのまちづくりは、選択肢のなかから消えざるを得ないのが復興の現実である。行政の中心的課題は、一刻も早い仮設住宅や災害復興住宅の建設などハード面の関心である。結果として、コミュニティに配慮したソフト面の政策は後手に回らざるを得ない。そのため、本来は被災者のためであったものが、計画ありきとなり、被災者が望むものからはかけ離れてしまうものになる。

　本章では、応急仮設住宅と大規模集団移転の事例を、それぞれ名取市閖上（ゆりあげ）地区と東松島市あおい地区を事例に考えてみたい。

2. 仮設住宅での「濃密な」コミュニティ

　宮城県名取市の閖上・上町地区では86人が亡くなった。閖上地区の被災者は、2011年5月3日に避難所から応急仮設住宅に入居した。阪神・

淡路大震災時のように仮設住宅への抽選入居方式ではなく、名取市はできる限り地区ごとに被災者を入居させた。そして、この集合化が功を奏して、入居5日後には仮設住宅に自治会が発足し、自治会活動を始めた。

　入居者が避難所での共同生活から解放されて、仮設住宅の各部屋に閉じ込もることによって、阪神・淡路大震災時の仮設住宅で相次いだ、孤独死や自死が生じるのではないかという危惧であった。自治会は設立に当たって、孤独死・自死者数をゼロとすること、そしてアルコール依存の方を出さないことを目標として掲げた。具体的には、次にあげるふたつの活動を通して、災害関連死を防ぐ仕掛けをつくり出していった。

（1）　異なる世代を巻き込む

　自治会は仮設住宅への救援物資の置き場を、人びとが集まり交流する集会所として機能させた。そして、特定の世代に偏りがちな自治会活動を、すべての世代が参加できるように変えていった。それがティールームとチャイルドパークである。ティールームは、高齢者を中心に平日の毎日、お茶や食べ物を提供し、会話ができる場である。チャイルドパークは、未就学児への遊戯・遊び場の提供である。子どもの母親が交代で面倒をみる仕組みで、母親たちが震災の疲れを癒す保育園の代替機能を果たした。

　このふたつが統合されたものが、「「化石」（高齢者）と「砂利」（子ども）の遭遇」と当事者の人が表現されるチャイルドパーク＆ティールームである。同じ空間で、ティールームの高齢者がお茶を飲みながら、子どもたちに口出しをする。子どももお年寄りを意識するようになり、高齢者からさまざまな事を学び、子どもたちの笑顔や笑い声は高齢者にとっても震災後の沈みがちな気分を明るく変える役割を果たす。このように交流してお互いに役割を補完する機能を、仮設の空間に生み出した。

　集会所における世代を超えた連携は、集会所の外への拡がりをみせた。
　仮設住宅内の道路において一定時間車の出入りを禁止し、その場所に
"ちびっこひろば"という子どもたちの遊び場を設置した。その通りを
「桜大通り」（写真5-1）「桜西通り」と呼び、市道という空間を自分
たちのものとして「場所」化した。そして、集会所と同じように、お年
寄りが子どもを見守れるように屋外にベンチを配置し、住民がゆっくり
と会話できるようにしたのである。

（2）　ひとり高齢者への働きかけ

　高齢者と子どもたちとの交流が進むなかで浮かび上がってきた課題は、
若年層の家族や65歳以上のひとり暮らしの高齢者が、自治会に参加して
いないことであった。とりわけ、後者のひとり暮らしの高齢者への対処

写真5-1　桜大通りで談笑する（閖上箱塚桜仮設住宅：2011年
11月25日佐藤航太撮影）

は、場所の提供だけで解決できる問題ではなく、具体的には次にみるような自治会からの働きかけがあった。

まず、回覧板によるアプローチであるが、普通自治会で用いられる回覧板よりもかなり分厚く大きなファイルの回覧板を用いた。手狭な仮設住宅では分厚い回覧板は邪魔になり、部屋にためておけない。そこですぐさま全部に目を通し、隣に回してもらうことで、次々に情報が伝わることが期待されている。また、過去の情報もすべて載せて、いつ見てもすべての情報を把握できるようにした。

また、「見守り隊」による呼びかけ運動では、60代の女性9人から構成され、地元閖上地区の方言を用いた挨拶運動を毎日行い、各部屋の居住者が少しでも顔を見せてくれれば、そのときの健康状態に気を配った。

以上のような自治会の積極的な試みは、行政支援やボランティア活動では捉え切れない人びとを、サポートする仕組みをつくり出している。ある意味"濃密"に個人に介入するコミュニティが誕生しているともいえる。

この箱塚桜仮設住宅の人びとが、阪神・淡路大震災から学んだがゆえに、直面した問題に創造的に取り組んでいるという解釈に立つ。なぜこれほどまでに、人びとが濃密にコミュニティを立ち上げなければならないのか、その必然性についてさらに深い問いかけをしたい。

（3） 「たられば〜（if の未死）」と彷徨える魂の行方

同じ大規模災害といっても、共通点と相違点がある。とりわけ、近年の災害史上の相違点としては、1995年1月17日の阪神・淡路大震災は、断層のズレによる都市直下型地震だったのに対して、2011年3月11日の東日本大震災は、海溝型の津波をともなう巨大地震であった。この地震の起こり方の違いが、災害死の捉え方の違いとなっている（表5-1）。

　どちらのケースも家族の突然の死は耐えがたいものであるが、とりわけ東日本大震災の場合、津波による死は避けられたのではないかという「ifの未死（もし自分が〜していたなら家族は生きていたのではないか／いや生きていたはずであるという自問自答）」が、含まれている点が特徴的である。

　客観的にみれば、同じ生物学的な死であるが、遺族にとってみれば、その死は「たられば」のifの世界で構成されている。

　もう戻ってはこない不可逆な生物学的死と、ひょっとして「生きているのではないか」という可逆的なifの未死の間を、遺族は揺れ動くことになる。それは同時に、鎮められてはじめて昇華するはずの魂が、浮かばれないという意味をも含んでいる。生者とも死者ともつかない保留状態の「中間項」（内田 2004）が、大震災では極限まで拡大しているといえる。

　遺族（生者）と魂（死者）の二重の不安定さは、残された遺族を彼岸の世界へ誘う呼び水ともなる。ただし、葬儀や慰霊祭のような宗教的儀礼は、彼岸の側に立った鎮魂であるために、行方不明者を多く抱えるような大震災では、不向きな面もある。

　多くの人が海の生業から離れている、閖上地区のような津波の非常襲地帯では、常襲地帯におけるような災害に対処する文化的・宗教的装置はそなわっていない。いわば、津波に対する参照点となるべき装置が不在である。そこで重要となるのが、瞬間的に立ち上げることができるような疑似的な文化的・宗教的装置の存在である。伝統的なコミュニティとはいえないが、閖上地区が立ち上げた代替的な文化的・宗教的装置に着目して、生と死のどちらでもない中間項にある彷徨える魂について対処する仕方を考えてみたい。

86

表 5 - 1　大規模災害での災害死の捉え方の違い

関東大震災	％	阪神・淡路大震災	％	東日本大震災	％
1923年9月1日　11:58		1995年1月17日 5:46		2011年3月11日 14:46	
火災	87.1	窒息・圧死等	83.3	溺死	92.4
家屋全潰	10.5	焼死	12.8	圧死・損壊死・その他	4.4
工場等の被害	1.4	不詳	3.9	焼死	1.1
流失埋没	1			不詳	2
死者行方不明者数（人）	105385	死者数（人）	6434	死者数（人）	15885
		行方不明者数（人）	3	行方不明者数（人）	2623

関東大震災：日本地震工学会（諸井・武村 2004）・阪神・淡路大震災：国土交通省
近畿整備局・東日本大震災：警察庁資料（2014年）

（4）　被災者の、被災者による、被災者のための被災地ツアー

　まず、自治会による「被災地ツアー」である。被災地ツアーは、通常、
たとえば東京などの他地域から災害現場を訪れ、自分たちの地域への防
災に活かす情報を得るための視察を行う、あるいは現地に「お金を落と
す」ことで経済的に被災地の支援をするといったねらいがある。しかし、
閖上の被災地ツアーは、被災者自らが、自分たちが被災した現場や周辺
被災地を巡る試みである。

　閖上の仮設住宅のほとんどが、公共施設や商業施設まで行くのに時間
を要する郊外の不便な場所に位置している。そのため自治会が要請を行
い、市内の大型ショッピングモールまでの買い物バスを週に1度運行し
ている。若者をターゲットにしたモールでは、高齢者はすぐに時間を持
て余してしまう。自治会でもその時間をどのように使うのがよいか困っ
てしまった。そこで急きょ浮上したのが希望者を募り、被災地を巡るバ
スツアーの企画を立てた。

　震災から4か月経った7月に、まず閖上地区を見渡せる小高い日和山
を訪れることになった。小高い丘に登り、被災後初めて自分たちが暮ら
してきた地域を見渡したとき、改めて変わり果てた故郷を目の当たりに

した彼女ら彼らの絶望は、はかり知れないものがあった。人びとは「あらら、何もなくなってしまっただー」「○○さん死んでしまったよお」と口々に嗚咽を洩らしながら涙をぼろぼろと流し、震える肩をお互いにたたきながら慰め合った。

　自治会長は「泣くときは我慢しないで泣かいん（泣いたほうがよい）」と同じ被災者たちに声をかけた。身近な死や被災の惨状を親族や家族内で閉ざすのではなく、一緒に泣く場を設けることで、災害死を集団で「共有化」したのである。このことは、自治会長が結果的によかったと振り返るように、意図せざる効果として生まれた現象である。

　被災地ツアーでは、自分たちのふるさとへの訪問のほかに、同様に津波被害を受けた隣接地域にも赴くことで、自分たちの地域だけではないことを住民同士が共有することができた。いわば、被災経験が準拠する枠組みに視野を広げることで、気分を和らげる効果があることを発見した。

　また、官民あげて早期復旧・復興を果たした仙台空港を視察することで、将来計画の有無によって復興の進度やかたちに差があることを、自分たちの目で実際に確かめ、将来の見通しを被災者自ら内在化させて集団で共有する方向性を見出すことができた。

　次に、自治会主催による居酒屋さくらの開店である。開催のきっかけは、失業保険が切れる時期に過度な飲酒が増えることが、判明したことであった。ひとりで飲酒すると、際限なく酒瓶を飲み干し、亡くなった遺族のことを想い嘆いたり、眠れないために飲む寝酒を続けさせればアルコール依存にもなりかねない。

　しかし自治会は、禁止するのは簡単だが、呑みたい気持ちもわかるという立場をとる。過度な飲酒ではなく、むしろ、適度な量の飲酒の場を設けるべきだという逆転した発想をとり、自治会による居酒屋を主催し

た。ひとり数百円という会費で、お酒のつまみは桜美会といわれるお母さんたちが担当して、いわゆるおふくろの味を提供した。

　この自治会主催の居酒屋のもうひとつのねらいは、中高年の男性をターゲットにして誘い出すことである。お茶飲み会や手芸教室などのサークル活動に来ない、中高年の男性の参加を目論んだのである。ねらいが功を奏して居酒屋さくらには6～70名が集まり、"店内"を歩けないほどの盛況となった。

（5）　魂の安定化

　個人の哀しみは"魂"の不安定につながる。フロイトの「強迫自責」や「サバイバーズ・ギルト症候群」と呼ばれる、「あの人が亡くなったのは自分の責任ではないか」と、自己を責めるケースが聞き取り調査でも多い。負のスパイラルを断ち切るために、コミュニティという社会集団が緩衝材（クッション）として介在する意味がある。

　仮設住宅の自治会が試みた実践は、通常は個人あるいは家族や親族単位で個別に対処する事柄を、仮設住宅自治会という社会集団＝災害コミュニティで引き受け、感情の共有化もしくは共同化を図ろうとするものである。

　生者と死者との個別の交渉によって、生者が死者の側に引き込まれることを避け、集団で哀しみを引き受けることにより、魂の安定化を試みる。

　この災害コミュニティは、不祀りの霊に対する浄化儀礼を引き受ける社会文化装置であると捉えることができる。個人が執り行う除災の祈禱（きとう）をコミュニティの過密性が代替することで、物言わぬ死者（強者）と、生きる意欲を失った不安定な生者（弱者）との交渉の過酷さを相殺する。

　哀しみだけでなく、集会所での歌の練習や万祝（まいわい）という踊りの楽しみ、

買い物、慰霊祭、居酒屋、そして復興の祭りなどが、自治会の取り組みを通して共同化されていく。感情の共有化があってはじめて、社会的孤立を避けることができる。

3. 復興コミュニティの黎明期―自己役割、他者承認と潜在的自立のまちづくり

　仮設住宅から一定期間を経ると、防災集団移転へと移行する時期を迎える。市内の甚大な津波被害を受けて、たとえば宮城県東松島市は、防災集団移転事業計画に則って、7地域を整備地区に選定した。そのうちのひとつであるあおい地区は、JR仙石線東矢本駅のすぐ北側に位置し、コンパクトシティとして集約するねらいをもった地区である。約22haの田圃の土地に全部で580世帯、約1,800人が入居するという、最大規模の集団移転事業（災害公営住宅307戸、移転用宅地273区画の580戸分）が新たに整備された。

（1）　自己役割の確認、他者からの承認と潜在的自立

　当該地域では、子どもや高齢者といった非生産年齢人口、つまり社会的弱者がまちづくりを担う主体として、中心的課題に適切に位置づけられる点に特徴がある。それは被災して故郷や愛する家族が亡くなり、この世に生の実感を得ることができない人に対して、自己役割と他者からの承認という人間の存在にとって大切な人格をコミュニティが醸成されることである。

　ボランティアとのつき合い方でも、無料化せずに少しでもお金を払う。なぜなら、将来的に復興住宅へ移り住んだときに、誰からの援助も期待できない「自立」の状態が待っているからである。仮設住宅時代から、ボランティアが当然のように訪問するという依存的な考えから脱して、

通常の暮らしに早く戻れる仕掛けをつくり出すことが含まれていた。

　ボランティアへの依存状態に長い期間さらされ続けると、いつまでも行政やボランティアに頼る意識が生まれ、自らが積極的に自立していく機運を削いでしまう可能性があるため、住民の主体性の阻害要因となる。あえてボランティアに謝礼を支払うことで、潜在的自立の力が養われていた。集団移転時の自立再建に向けて、仮設住宅時代から身体を慣らす工夫であった。

　これら３つの住民参加（自己役割の確認、他者からの承認と潜在的自立）が、住民主体のまちづくりをつくり出す下地となっていた。次に、集団移転時のまちづくりに着目しながら、1,800人という大規模になってもコミュニティのまとまりを維持しながら、どのようにオーダーメイドのまちづくりを運営できるのかをみてみよう。

（２）　行政のいいなりにならない"オーダーメイド"の復興まちづくり

　あおい地区の集団移転の場合、最初の災害公営住宅へ入居する３年以上も前に、住民主体によるまちづくり整備協議会を立ち上げている。自分たちがこれから住むまちは、ただ住まされるだけのまちではなく、自分たちがどのようにすれば暮らしやすいまちになるのかという思いからである。復興住宅は鍵を渡された後には、住民同士で集まって勝手に自治会をつくってくださいというかたちをとる場合が少なくない。

　しかし、行政のために自分たちが動くのではないという意識が強くある。こういう生活があるという未来図を描いて、移転できるのとそうでないのとでは天と地ほどの違いがある。あおい地区住民がよいまちにこだわる動機として、生きている人だけではなく、東松島の沿岸の浜で無念にも亡くなった人びとの魂が、災害危険区域指定によって、お盆などの際にも帰着する場所が失われたこともある。「自分たちがこれから創

るまちを、ふるさとだと思って安心して帰ってもらえる素晴らしいまちにしたい」という想いがある。生きているこちら側が真剣に呼応しないと、亡くなった人びとが魂の行き場所を失ってしまうと彼らは考えた。まちづくりは魂の道標となる受け皿の意味合いも含まれる。

　そのため、手間暇をかけてまちづくりを行っていく。移転が開始されるまでに年間120回以上の「井戸端会議(ワークショップ)」と称する会合を開いてきた。まちづくり協議会は、31人で構成される役員会を9つの専門部会（「街並み検討部会」「宅地・公共施設計画検討部会」「災害公営住宅部会」「コミュニティ推進部会」「区画決定ルール検討部会」「広報部会」「研修・イベント部会」「自治連絡部会」「ペット部会」）に分けた。いずれの部会もユニークなアイデアで充たされている。専門部会での議論を以下の5つに分けて、自分たちのためのまちづくり(オーダーメイド)をくわしく紹介してみよう。

①自分たちのまちの名前

　当初行政によって名づけられた、東矢本駅北地区という機械的な呼称を変更し、あおい地区と名づけられている。これは広報部会のもとに新しいまちの名称選考委員会をつくって全国から募集し、この地区を引き継ぐ中高校生にも参画してもらい、各世帯1票ではなくひとりが1票ずつ投票をして決めることにした。空と田んぼ、大曲浜の青をイメージできるものとして「あおい」と命名されたが、名称はいわば空間を自分たちのものとして場所化するうえで欠かせない作業である。

　行政上の「住所表示」として認めてもらえるように行政に働きかけた。当初担当する課長はこれを渋ったが、行政の考えは役所のなかだけでやってくれと突き返し、民間人を納得させる理由が必要だと伝えた。交渉の末、市議会の審議を経て正式な住所表示として認められることになった。

92

写真 5 - 2 / 5 - 3　東矢本駅北地区まちづくり整備協議会の小
　　　　　　　　　　野竹一会長（上）。コミュニティ推進部会会
　　　　　　　　　　合（下）（2015年　若生有吾撮影）

②「くじ引きなし」の区画整理

　集団移転先で、自主再建をする際にどの土地に住むのかを決めるにあたって、行政の公平性の原則に則って、くじ引きの方式を多くの自治体では選択している。しかし、あおい地区では、245所帯の大人数の集団移転にもかかわらずくじ引きは最後の手段として、後に回された。

　仮設住宅などでのコミュニティづくりによって緊密になった人間関係が、再び集合的な空間に移動するとはいえ、同じ空間の端から端までが数百メートルも離れてしまっては、隣近所の交流も再びやり直しを迫られる危険があった。そこで、交流会を人びとが住む2年前からもち始め、協議会では「区画決定ルール検討部会」をつくって、できるかぎり親子や親戚や震災前の隣組みなどの顔見知り同士が、隣になる仕組みを模索し始める。

　ひとつの区画は、大体20世帯ほどの回覧板を回しやすいまとまりと位置づけ、全体を15のブロックに分けて移転先の希望を聞いた。複数世帯のグループで希望ブロックにエントリーできるようにして、好きな人同士でどのブロックにするのかを聞いた。細かく区分されているので、同じブロックであれば、離れていても2、3軒の範囲なので住民も納得がいく。

　抽選ではどこに当たってもよいように、通常土地の面積は均等に割り付けしてある。しかし事前の調査で、土地の区画が大きいところを希望する人もいれば、小さくて手ごろなサイズを希望する人もいる。このような個々の事情に応じて宅地の大きさにバリエーションをもたせることで、競合率を予め制約できるようにした。

　個別に家を建てる200世帯余の区画は、2013年11月には決まった。このように手間暇をかけたのは、これから長いお付き合いをしていく相手でもあるので、100%ではないが、ある程度の満足度を上げるというね

らいもあった。

③地区計画から地区条例へ

　自分たちがこれから長く住むまちをよくするために、街並みなどの景観にも配慮しようということになった。それが「街並み検討部会」の設置である。さまざまな街のルールを住民自らが決めていく。建物は隣との境界線から1.5m離すことや、柵は透明性のある1.2m以下のものにすること、セミパブリックゾーンとして道路から１ｍは植栽に使い緑地帯にすることなどが決められた。

　プライベートな空間とパブリックな空間を融合させることで、垣根を低くしてお互いが見守れるような縁側的な街並みを形成したり、敷地の角を削ることで、たとえば子どもが道路に出ている際に車から見通せるよう配慮し、安全・安心への努力を共有していく。ほかにも屋根から落ちてくる雪が隣にかからない距離として２ｍ引き離すことが提案されたが、話し合いのなかで、1.5mに落ち着いた。自分たちがこの距離なら妥当だということを、一方的に行政が決めていくのではなく互いに議論して決めていった。

　この街並み検討の取り組みがユニークな点は、住民みんなによって決められているので、あおい地区だけでの地区計画で終わるのではなく、市の憲法ともいえる地区条例という強制力をともなったものに深化した。自分たちで決めた地区計画は守るが、２、30年後に移り住んできた人に対しても拘束力をもつ。規制は束縛という考え方から、自分たちを守るための保護膜、であるという考え方へと転換することになった。

④機能が異なる公園

　あおい地区では４つの公園をつくることになっているが、行政論理からいえば、ブランコ・滑り台・砂場など同じ機能をもったいわゆる定番の公園が４つできる。他方あおい地区では、４つの異なった公園をそれ

ぞれ地区の「物語」に合わせて、創りかえていった。

　桜や紅葉を植樹して、花見や祭りをするための多目的な機能をもたせた公園、ケヤキ並木にして冬にはまちを明るくするイルミネーションが点灯する駅前の公園、高齢者が多いことから外で体を動かせる20種類以上のさまざまな健康器具を設置した公園、子どもたちが安心して遊ぶための公園と、「公共施設検討部会」は住民からの意見を吸い上げ、要望書を市に提出した。

⑤ペット入居の公営住宅

　災害時の移転先では人間のことを優先的に考えるので、ペットは後回しになるが、ペットも家族の一員だという考え方がこの地区では支配的である。津波襲来時にペットを助けるために犠牲になった家族がいる人

写真5-4　日本で一番多い遊具を兼ね備えた健康づくりのための公園（宮城県東松島市あおい地区）

にとっては、ペットは家族の代わりあるいはそれ以上の存在という意味合いをも含んでいるため、災害公営住宅でペットを飼ってはいけないという行政のルールは、ペットの存在を無視したまちづくりとなる。

　専門部会のなかに「あおいペットクラブ」をつくって、もちろん動物が好きではないという住民の意見も聞き、そのなかでどのようにお互いが心地よく暮らせるようにするのかというルール形成を促した。頭数や子どもの公園にはペットは入らないなどのルールをつくったり、登録制をとったりした。やみくもに公営住宅でペットを飼うことを主張するだけではなく、飼う以上お互いが気持ちよく暮らすためのルールつくりがあってはじめて行政へ主張をすることもできる。

　以上5つの創意工夫をみてきた。復興のまちづくりにおいては、通常行政のペースに乗せられるが、そこは自分たちで手綱を引き締め、等身大で物事をひとつひとつ決めていった。ただし、オーダーメイドのまちづくりは、ともすれば住民によるエゴイスティックな要求が先行しているようにもみえるが、そこには住民の要望をよく聞いて、十二分に検討し、それを行政と交渉し、まちづくりの方向性を決定し、広報として伝えるといった、住民と行政のあいだで部会を束ねるまちづくり整備協議会が十全に機能していった。

　これらの共的な中間組織の存在は、通常のまちづくりであれば特別なことではない。しかし、災害期のまちづくりとなれば条件は異なってくる。従前のコミュニティをベースに時間をかけたまちづくりであるならば、次の新たなまちへと移行すれば済む。災害の場合、従前のコミュニティは破壊的な状況にあり、まったく新たに住むべきまちが先行して存在し、予算も資源も期間もすべて制約を受けたなかでの性急なまちづくりが求められる。しかも新たなまちは、被災という条件から出発するた

めに先立つ個人的資産も乏しく、平均年齢も被災時から10年も経れば高齢化していき、将来的に縮小するまちになる宿命にある。いわば前向きのまちづくりではなく、追い込まれたなかでの後ろ向きのまちづくりといった性格を強くもつ。

4. 住民不在のレディーメイドのまちづくり

　被災地の現状として、集団移転地に移り住んだ後にまちづくりをゼロからスタートせざるをえず、顔合わせから始まって自治会も"後から"設立されるケースが少なくない。行政の方も、仮設住宅の場合と異なって、集団移転のハード面の完成が復興に向けてのゴール地点とみて、あとは自立してくださいという突き放し方をする。

　あおい地区の取り組みを「図」とすると、その背景となる「地」が先述した形骸化のコミュニティである。自分たちの暮らすまちとは思えない空間が次々に震災後立ち上がった。住民が、隣近所と打ち溶けたくないということを志向しているというよりは、むしろ逆で、従前のコミュニティのような付き合いをしたいと考えていても、抽選による公平性の担保や建物の近代的構造など行政の仕組みや制度に縛られている。

　まちづくりや被災地を継続的に支援している延藤安弘は、現代社会における社会的惰性化をつくり出しているわたしたちの心の習慣について、次の４つの側面が、相互に強く規定しあって悪循環を生み出していると指摘する（延藤 2013）。すなわち、「行政・住民の在来的関係（制度主義・予算主義・議会偏重主義）」「参加の不十分さ」「空間デザインの欠如」「マネジメントの不在」である。これによって、行政だけでなく、住民の無関心と受動的な姿勢が、バラバラな人間関係、話し合いのなさ、合意形成のなさの惰性を生み出し、関わりの機会と住民力を養うソフト不在のハコモノをつくり出す。

　幾重にもわたる震災時におけるマネジメントの不在や、デザインの欠如を変化させることができる力とは何だろうか。それは、次々と住民主体の発想を実現していった、夢と現実を語る井戸端会議ではないだろうか。災害の研究者である室﨑益輝は、1989年のサンフランシスコ地震後のサンタクルーズというまちの復興過程を取り上げて「物語復興」と名づけている（室﨑 2015）。

　子どもも含めて被災者の一人ひとりが、「恋人と一緒にお茶を飲む場所がほしい」「まち全体を明るい花で飾ってほしい」「私の愛犬が思い切り遊べる広場がほしい」という願いを語り、まちの復興像をつくり上げていった例である。室﨑が、高台か集団移転かといったかたちが先にあるのではなく、願いや思いが紡ぎ出す内容が先にならなければならず、被災地の夢を叶える復興は、上から与えるレディーメイドではなく、被災者に合わせるオーダーメイドでなければならないとしている。

　最後にふたたび、オーダーメイドの復興まちづくりを条件づけている仕掛けを考えてみよう。

5. オーダーメイドの復興まちづくりを支える3つの社会的条件

　住民主体のまちづくりを支えるには行政側の推進が欠かせないが、その推進力をつくり出すものは、震災後急に勃興してきたというよりは、震災以前からの市民参画への方針転換のあり方が小さくない。あおい地区のある東松島市の場合、「市民協働のまちづくり」を推進し、まちづくり協議会が設置された矢先に大震災に遭遇しており、他市町村とは異なって、下からのまちづくりを行うことを元々から推奨していた（辻 2013）。

　震災前の市の合併を機に、行政肥大化や市民ニーズとのすれ違いを理由として、順次市民協働によるパートナーシップへと移行させていた。市民の考え方を大事にするというより、行政側の理屈として、合併により市民サービスの質量が落ちることが想定され、財政難で地方行政の役割を縮小してできるだけ市民に権限を委譲する合理化の一環として捉える方が理解しやすい。市民への権限委譲のあり方が震災を契機とした、内実のともなった市民協働という本来の姿へと変化したのである。

　なぜ被災者はバラバラにされながらも、自分たちによるオーダーメイドのまちづくりができたのか。まず、①「市民協働のパートナーシップの仕組み」を採用することで行政と住民の双方が成熟したことがある。一方的に住民から要望を出すだけではなく、協議会で責任をもって決めたことは、行政に代わって各住民が説明責任をもって引き受けるために、過剰な要望から身の丈にあった現実的な要望へと変化させることをも促した。

　そのうえに、震災後集団移転するまでの地道な、②「3つの住民参加（自己役割の確認、他者からの承認と潜在的自立）」が住民主体のまち

づくりをつくり出す下地となったこと。そして最後に、専門部会のもとで綿密な井戸端会議によって、③住民の権利と責任にもとづく「物語復興」が自らの手で描かれ、それを支えるルールづくりが進められたこと、これら３つの社会的条件が揃ってバラバラな状況のなかで、大規模な集団移転が住民主体による、復興コミュニティを創ることができたと結論づけられる。

　復興過渡期では仮設住宅の後、災害公営住宅や防災集団移転で、即座に「自立」が求められる。しかし、あおい地区と他の地区との対比でいうならば、仮設住宅の時代からしっかりとした社会関係資本（ソーシャルキャピタル）がかたちづくられた上で、初めて自立といえるような状態を迎えることができる。突然集団移転した後に自立はできない。

　社会関係資本としてのコミュニティの２面性について、『災害におけるソーシャル・キャピタルとは何か』の著者であるアルドリッチは、基本的にはソーシャル・キャピタルの高さは、災害復興過程において不可欠な要素であるが、地域の組織に属さない人びとに対してマイナスの影響を与えることを実証している（アルドリッチ 2015）。

　彼女は、中央集権的な復興政策の計画の大半がうまくいかない背景に、地域がもつソーシャル・キャピタルの機能を軽視している点をあげて、公的および民間部門の意思決定者は、災害前後の各段階においてソーシャル・キャピタルを高めるような政策を構築・適用していく必要性を説いている。

　つまり、上にみたオーダーメイドの復興コミュニティの考え方は、市民協働のパートナーシップをベースにしつつも、本来まちづくりの中心からは外れているような子どもや高齢者といった非生産年齢人口や社会的弱者にも自己の役割を与え、人びとがソーシャル・キャピタルである専門部会、協議会や交流会に参画し、物語を語り合い、相互依存しなが

ら自立していくことで、被災者の自立までの回復力（レジリエンス）が他のまちの復興のあり方と異なってきたことを示している。

参考文献

D・P・アルドリッチ、2015、『災害復興におけるソーシャル・キャピタルの役割とは何か―地域再建とレジリエンスの構築（石田祐・藤澤由和訳）』ミネルヴァ書房

延藤安弘、2013、『まち再生の術語集』岩波新書

金菱清、2018、「オーダーメイドの復興まちづくり―東日本大震災の被災沿岸における大規模集団移転の事例から」鳥越皓之・足立重和・金菱清編『生活環境主義のコミュニティ分析―環境社会学のアプローチ』ミネルヴァ書房：191-209

金菱清、2016、「コミュニティ―「お節介な」まちづくり」『震災学入門―死生観からの社会構想』筑摩書房：127-157

金菱清、2014、「彷徨える魂のゆくえをめぐって―災害死を再定位する"過剰な"コミュニティ」『震災メメントモリ―第二の津波に抗して』新曜社：1-34

森反章夫、2015、「「仮設市街地」による協働復興―陸前高田市長洞集落の住民組織活動の考察」似田貝香門・吉原直樹編『震災と市民―連帯経済とコミュニティ再生』東京大学出版会：183-197

室﨑益輝、2015、「21世紀社会を展望した復興まちづくり」公益財団法人ひょうご震災記念21世紀研究機構編『「国難」となる巨大災害に備える―東日本大震災から得た教訓と知見』ぎょうせい：453

辻岳史、2013、「仙台平野混住地域におけるコミュニティの再編と機能回復―東日本大震災・宮城県東松島市の事例から―」『名古屋大学社会学論集2013』1-32

内田樹、2004、『死と身体―コミュニケーションの磁場（シリーズケアをひらく）』医学書院

6 | 祝祭論

《**目標＆ポイント**》 災害後、被災地で新しいウェディングが生まれた。結婚式は、民間の結婚式場で定型化された祝祭である。パッケージ化された結婚式スタイルは、独占的にブライダル市場を占めている。それに対して、石巻ウェディングは、独自路線をとる。新郎新婦がほんとうに望む披露宴が演出できるのではないかと考え、地域ならではの結婚式に取り組む。全員を登場人物にする「物語」がつくり込まれるため、すべて完全オーダーメイドなのである。

　石巻ウェディングは資金もなく、スタッフも専属の人はいないため、「欠損」している。しかしこれは強みを発揮し、活かし合う贈与‐返礼関係によって支えられ、地域に開かれていくことになる。結婚式の再演は、個人的な昔あったという経験の記憶の喚起であったり、コミュニティにおける感情的結びつきを再確認できる場ともなる。

《**キーワード**》 地域のウェディング、欠損の埋め込み、「贈与‐返礼」の地域への開き方、労働の価値転換

1. 余白のあるまち

　本章では、石巻ウェディングの取り組みを通して、大震災後地域ぐるみで被災地を祝祭に変える現場のダイナミズムと、その意義について考えたい。

　なぜか東日本大震災後、若者が集まるまちがある。宮城県第2位の地方都市・石巻市である。そこには若者を引きつける魅力がある。ある若者は、東京や仙台などを移住先にと考えたが、いろいろと調べていると、

世界的に名だたるグローバル企業が、石巻で次の世代を育てていることを知り、縁もゆかりもなく単身で 1 度も行ったこともない土地である石巻に、住と職を求めて移住していた。そこには、大きな喪失と再生の物語があった。いわば、石巻という地域は、他の被災地と異なり、「余白のあるまち」だった点は大きい。市街地は、津波が来たものの、まち全体を壊滅にしてしまうようなことはなく、虫食い状に土地が残った。この蚕食状（さんしょく）の土地が、外部者と内部の人間との往来を混在（シェイク）させるまちにさせたのである。

　石巻というまちには、美容師やフラワーアレンジメント、花屋や写真家、洋服屋など20、30代の若い多様でユニークな人材が揃い始めていた。それが束になったところで、ある代表の女性が、石巻ウェディングという「地域」を主体とした結婚式スタイルを立ち上げた。

2.　石巻ウェディングという問い

　結婚式といえば、地域や家のなかで行ったのはひと昔前のことで、今は民間の結婚式場でのある程度型にはまった祝祭が繰り広げられているのが通例である。パッケージ化された結婚式スタイルが、なかば独占的にブライダル市場を席捲している状況にある。

　それに対して、石巻ウェディングは、独自路線（ユニーク）をとる。半ばサークル的な雰囲気（ノリ）から始まった。石巻ウェディングの代表である豊島栄美（34歳：2018年当時）さんは、東京でまさにパッケージ化されたスタイルの結婚式に携わっていた。震災をきっかけにして、出身地である石巻に戻ってきた。まちは津波で壊された家や店舗の後に、空き地が蚕食状に広がっていた。まちがどんよりと気持ち的に沈んでいるなかで、ウェディングをすれば皆がほっこりするなと、ぼんやりと思い描いていた。もともと出身の石巻が嫌で半ば逃げるように出てきたのだが、石巻を舞

写真 6-1　豊島代表を含めた石巻ウェディングスタッフと新郎新婦
（石巻ウェディング撮影）

台に若者が自由闊達に活躍する姿に触発される。

　彼女が石巻ウェディングをプロデュースすることになったきっかけは、若者の活躍の他に、彼女自身が結婚式に呼ばれることが多くなり、石巻の新郎新婦が選ぶ式場が遠く離れた仙台で行われることだった。そして、披露宴自体をそもそも催行しない石巻の若者が増えていたことだった。その時点で、彼女は貯金ゼロ状態であったが、笑顔でまちを包むことができるのではないかと考えた。

　ひと昔前は、元々30人規模で石巻の料亭で簡素な食事会をする人びとが多かったが、石巻にホテルが立ち始めそこで催行していたウェディングが、その後、バージンロードで白亜のお城みたいな建物でお花が飾ってあるお洒落なゲストハウスが次々にできた仙台へ移り変わっていった。

　ところが、震災を境に、「見た目」だけのものを内側から見つめ直すことが求められ、再び少人数で石巻の料亭で簡素な食事会を結婚式代わりにして、密着した距離でおいしいものをみんなで食したいという人が増えてきていた。このような細かな観察も背景にある。

　関係者に聞きとると、費用の問題や自分らしい結婚式ができないなどが理由であった。式を挙げない若者のなかには、シャンデリアにテーブルクロスといった古風なスタイルなど、新郎新婦が雛壇に上げられるような格式ばった結婚式に、イメージを膨らませることができないというものであった。そうであるならば、自分の結婚式場でのプランナー経験を活かして、かつその手の専門とする若者を上手くつなぐことができれば、彼女や彼らなりの新郎新婦がほんとうにやりたい披露宴が演出<ruby>演出<rt>プロデュース</rt></ruby>できるのではないかと考え、石巻ウェディングが産声をあげた。

　自分なりの結婚式は、新郎新婦もそこまで意識を高める必要がある。なので、なんでも要望だからといって代表は請け負ったりしない。彼らからすべてウェディング側でやってほしいとか、ガーデンのあるところでやりたいという友だちの写真を持参したり、ブライダル雑誌を見てこれに憧れているといったかたちで相談を受ける。しかし、その場合は、石巻でなくてもいいので、仙台などの既存のブライダル会社を紹介する。教会で挙げるような外側だけの体裁を繕うような結婚式は排除される。

　当人がまず意味をもって「強い思いをもつ」こと、そして「感謝を伝えたい」ことがなければ、式自体は他の会場や媒体でもできるということを伝えている。しかも、利潤追求が目的ではないので、思いが詰まっていなければ、そのブライダルは失敗するという点を大切にする。

　そのため、事前のヒアリングを最大限に重要視する。当初軽く考えていて不十分だったと彼女は振り返る。2 時間程度で聞き取ってすぐに見積もりを出していたものが、いまでは、1 回 2、3 時間のヒアリングを

3回以上は重ねている。その人の想いを込めて実現するために、その人の背景となっている地域やルーツ、人間関係を把握しなければ、ブライダルの提案もできないことに気づかされたからである。栄美さんが、東京のブライダルで勤めていたころ、プランナーが次々にバーンアウトして離職していくことを目の当たりにしてきた。とにかく式の回数を多くこなす上に、新郎新婦も式場側にすべてやってもらえる意識が非常に強く、「お客様」感覚で一方的な要望が先行し、関係がつくれずギクシャクして体調を壊していくことも少なくない。

　一方石巻の場合は、お茶をじっくり飲みながら気軽に話すなかからも立ち上がるし、場合によっては、新郎新婦の両親に会って話を聞くこともある。それは、たとえば新郎新婦が石巻においてボランティアで出会い、地元での活動や強い思いをもっていてその地元の魅力を伝えたい結婚式を催行したいと考えているが、どうしても資金面で実現しないということを両親に伝え、相談したりもする。

　その背景となっている状況について深く把握することも求められる。場所探しのために、車に乗って当人を連れて石巻の街中や周辺を回ることさえある。その結果、移住先の思い出の場所であったり、屋根もないような野外であったり、廃屋の社寺であったり、その人たちに合った式場を選び出す。

　しかし、当事者に寄り添うからといって、決して新郎新婦の思いだけが先行してはならない。それをたとえていうならば、「新郎新婦のみがあるアニメが好きで趣味が合うからといって、結婚式でキャラクターの食器を揃えたとする。けれども、それは当人のみの自己満足であって、それを使って、参加者である自分の祖父母が参列したときに、それは自分を生んでくれたルーツである人に対して、感謝を伝えたことになるのであろうか」と疑問をもつ。ともすれば結婚する若者は、自分ひとりの

力で生きていると勘違いするけれども、たとえ自分で稼いでひとりの力でやってきたとしても、生まれて育てられたときなど、自分ひとりで生きてきていない時代が誰しもある。誰かのお世話になった時代を経てきていることを、気がつくと忘れていることがある。そのことを再認識できる場が結婚式なのだと考えている。

　この点、この石巻ウェディングの主人公は本人たちであるが、それ以上に式に呼ぶ参加者全員が“主人公”であるという発想をとる。全員を登場人物にしたいという考えにもとづいて、「物語（ストーリー）」がつくり込まれていく。基本パッケージが同じようなブライダルは一切存在せず、すべて完全オーダーメイド（そのひとなりの）なのである。

　そのストーリーに即して、みんなが盛り上がる舞台装置を練り上げていく。なので、ある程度決まった結婚式ではなく、ライヴ感覚で式が進んでいくので、その場で何が起こるのか、映像も何が撮れるのかわからないワクワク感がある。新郎新婦側に伝えられるのは、現場 8 割で、予定はあるけれども予定通りには進まないことが当初から伝えられ、覚悟をしてもらっている。

3.　欠損が生み出す「地域」の巻き込み

　東京や仙台等で行われるウェディングと、石巻ウェディングはどこが異なるのか。それは石巻ウェディングが前者に比べて、なにもかも「欠損（ウィークポイント）」していることにある。このウィークポイントは、逆に強みを発揮することにつながっている。これはどういうことか。新郎新婦には、石巻ウェディングでは、他のブライダル会社のように十分なことはできないために、本人たちの負担が大きいことがはじめの段階で伝える。ノウハウはあるが資金がないので、専属のスタッフもいない。そのため、それぞれ花屋や写真家といった本職の人がプロデュース時に手助けする

スタイルである。東京と地方都市の石巻の違いについて、前者は、電話１本やメール１通ですべて注文し準備できる。他方後者の場合は、「地域」という場所で結婚式を挙げるためには当人の要望は、たいてい普通の常備設備では叶えられないことばかりなのである。

　通常結婚式では、手作りのリング・ピローなどの小物以外持ち込みを禁止している。つまり、追加オプションというかたちで利益をそこからはじき出し加算していくために、半ばブライダルは独占化されているのである。よい意味でいえば、余分なことが削ぎ落とされているので、思わぬハプニングが避けられ統制しやすく、式の数を詰め込むことができる。結果利益を上げることができる。

　しかし、石巻の場合は、そもそもそれほどの設備や準備物は用意することができない。しかも、式を挙げるカップルが希望するスタイルを取れば、必然的にその要望に端から応えることはできない。担当者は結婚式専属のスタッフではないので、それぞれ本業の職を抱えており人手も足りない。この足りないという欠損を補うために、何でも持ち込んでよいことにしている。むしろ、持ち込まなければそもそも成立しなくなる。そして、そのことをオリジナルとして称揚もしている。

　この欠損が、意外に盛り上がりを見せるのだという。というのも、新郎新婦がまず招待状などを工夫しながら決めなければならず、手作り感で作業をともなう場合もある。これもしたい、あれもしなければという感じで、負担は自分たちが主体性を発揮できる場を結果的につくり出し、欠損が「物語」の完成度を逆に上げることにつなげていく。関わる業者との関係性も見えるかたちにする。普通であれば、発注して納品をしている関係者の顔が見えることはない。ウェディングケーキをつくる係の人や、花を装飾するフラワーアレンジの方の顔をわからない状態で当日を迎えるが、ここでは、関わる全員の顔が新郎新婦に伝わることを大切

にしている。映像も、ふたりのことを知らずに撮っている映像と、ふたりのことを十分知ってから撮る映像とでは、表現する気持ちに差が出る作品となる。

4. 「場所性」をもつ結婚式
<small>そこでなければ</small>

新郎新婦だけでなく、当初は想定されていなかった、地域の人を巻き込んでいくことになる。たとえば、次のようなことが起こった。石巻市の雄勝地域のお寺を会場に当事者が選んだときに、主会場が結婚式場ではないために、ケータリングが提案されたが、話が進んでいくうちに、地元の漁師さんが、ちゃんちゃん焼きを振舞いたいとか、アサリ汁を提供したいとかになって、それは面白いという方向になった。普通の結婚式ならば禁止されていることが、ここではむしろ推奨される。地域が関わることができる仕掛けが、創造的に生まれるのである。いわゆる結婚式会場という「空間」すらが、当事者の要望にもとづいて「場所」性をともなったものになる。

石巻の牡鹿半島にある狐﨑浜で行われたウェディングは、極めて独自なものであった。キツネのお面を被って"狐の嫁入り"を行ったのである。仙台出身の女性が震災後関わった狐﨑浜は、石巻の中心街からでも車で小一時間要する半島にある。新郎新婦の強い思いで、狐﨑浜の集落と神社で披露宴を挙げたいと願っていた。それは、お世話になっていた浜の人たちにまとめて感謝したいのと、なぜこのような半島の人里離れた所に暮らして嫁いでいくのかという意味について、家族や親戚に知ってほしかったからである。

調べてみると、宮城県岩沼にある竹駒神社は日本三大稲荷のひとつにも数えられており、自身の母方が神社の総代だった。その分霊が狐﨑浜や隣の侍浜の神社だったことがわかり、それが自分のルーツと今の活動

写真6-2　牡鹿半島で行われた狐の嫁入り（石巻ウェ
　　　　　ディング撮影）

を結びつける縁を感じていた。自分で浜の高齢の住民に聞き取りをして
いると、昔道路がなかった時代に結婚式の際に家財道具をもって船で
渡ってきたという話を聞いた。そこで結婚式を通じて伝承のツールに、
自分がなれればよいと感じていた。

　普通自分たちのことから書かれている式の招待状なども、巻物のよう

にして、狐﨑浜の由来から始まり、地域の履歴が伝わるようにつづられ
ている。当日は昔を彷彿させるかたちで船で渡来（写真 6 - 2）し、新
郎新婦を含めて参列者が全員狐のお面をつけて登場するものとなった。
まさに狐に抓まれていた感じで式が執り行われたのである。この提案を
はじめて聞いた豊島代表は、「それはちょっと無理がある」といって断
ることはなく、新郎新婦の強い意志をもって、「場　所（そこでなければ）」への思いが込
められていたので、「それ面白い！やろう‼」ということになり即断し
たという。

　狐﨑浜の地域でつくられたおっかさんたちから話を聞いて 1 冊のレシ
ピ本にまとめて、それを結婚式当日お稲荷さんとともにつくってもらっ
ただけでなく、そのレシピ本を狐のお面と石巻こけしとともに浜独自に
よる唯一無二のものとして、参列者に贈ったのである。いわば、地場産
品が引き出物として振舞われたのである。地産地生（←消は結婚式では
忌み嫌われるので）の考え方である。今、ほとんどのウェディング会社
は引き出物にカタログを贈って、自由に参列者が選ぶのではなく、新郎
新婦の思いと感謝が詰まったものでなければならない。

　ここでも地域が結婚式のお祝いを通しても巻き込まれていく。嫁入り
の際の船の出帆は頼んだが、他に何もお願いもしていないのに、船には
大漁旗が風になびいて颯爽と港に入ってきたりする。神社には祝祭の際
につける日本国旗が掲げられていたり、お刺身の差し入れが地元から
あったりと、自然と協力してもらえるかたちになる。地域の関わりが祝
意を通して結婚式の表現となって立ち現れる。

　既存の結婚式では、カップルや招待客も本来主役であるはずが、会場
でのお客さん扱いで、「借りてきた猫」状態になることも少なくない。
しかし、この石巻ウェディングでは単なるお客さんであることはできな
い。招待状や引き出物も、端から用意されてはいないので、どうしよう

かといったときに、新郎新婦が1枚1枚紙を折って封筒に入れていったり、地元のものを引き出物にして出すことになる。すべての準備段階から自分で参加して一緒につくり出す感覚を養うことになる。

5.「贈与－返礼」の地域への開き方

在来の人によって既存のものをつくり上げるのと異なって、結婚式は元々芸術性が高い。芸術の役割は、在来のものを触発させて改変する可能性をもつ。アートの源流は、既存の暗黙の社会に対する批判性と、オルタナティブな社会への可変性の顕在可能化にこそ、その真価を問われる部分がある。しかし、石巻ウェディングにおけるアートの特色は、いわゆるアートのもつ排除性があまりみられないことである。アートにおける新奇性は、潜在していた一部の在住の可能性を開花させるが、その反面、その新奇性ゆえに多くの住民がその芸術にまったくといっていいほどついていけない、あるいは距離を置く問題を抱えている。結果として、排除したり無視されたりすることになってしまっている。

それに対して、石巻での取り組みは、アートによるいわゆるトップダウンにともなう、上からの価値転換を否定する。なぜなら、物語のつくり込みは、新郎新婦を含めた参加者すべてに対する満足感であり、感謝であるからである。誰かが独創的に引っ張っていくと、それは先ほどのアニメのキャラクターの事例にあるように、自己満足でしかない。

「やるからには、うちら（スタッフ）も含めて、新郎新婦が自己満足になるような結婚式は絶対にやりたくない。来てもらえる人たちに、とくにお父さんお母さん、おじいちゃんおばあちゃん、いままでお世話になった人たちに本当にありがとう、家族のお陰でこんなに立派に成長しました。これから幸せになります。これからもよろしくお願いしますっ

て伝えられるウェディングにしたいって」（豊島栄美）。

　ふたりのエピソードを聞きながら話し合いながら、構想を練って「物語」をつむぐが、新郎新婦が気持ち的に乗ってくると、盛り上がってどうしてもふたりの思いが先行してしまう。そのときには、もう一度原点に立ち戻って、ふたりが伝えたいものや人は何なのかを再確認していく。安易に流行りに乗ってこれでいいかというような妥協はしない。アートという表現をすること自体が目的ではなく、それを誰に届けたいのかという受け手の問題について、常に意識づけられている点が重要である。石巻ウェディングを使う新郎新婦は、ボランティアで石巻に入り、伴侶を得た人がなかにはいるが、地域で多くの出会いや恩恵を受けてきたと感じている。

　しかし、なかなかボランティア以外でそれを返す機会がないし、個別では返すことができても、全体で見えるかたちでお礼をいえない葛藤を抱えている場合が少なくない。石巻ウェディングの結婚式スタイルは、それまで背負い込んでいた借財を一気に見える化させる、表現方法で一括返済する絶好の機会でもある。

　しばしば、地域でのアートは、批判性をもつとともに、それを嘲笑した地域住民の苔立ちをもアートとして取り込まれることになる。既存の社会的なものにショックを与えて、さらにそれへの反応すらが芸術的な要素を再生産させる機能をもつといえる。だが、石巻ウェディングのアートの場合、極端な振れ幅に振れすぎることはない。

　革新的なクリエイティブな方向に向かいつつ、それが決して逸脱しない理由は、結婚式という形態に支えられているからである。通常のアートは、地域活性化などの名目はありつつもその目的が定かではないうえ、伝わりにくい。それに対して、ここでの表現方法は、誰もが知っている通過儀礼であるところの、古くて新しい結婚式という共通の了解があり、

それは絶対的な「祝祭」の意義をもつため、集団をある方向のエネルギーをともなって動かせる力となる。

　たとえば、石巻の長面地区の廃寺で行われた結婚式では、こちらから頼まないけれども、いつのまにか周辺で参加者が自然に生まれる。まるで、グリム童話の小人のように、勝手連的に仕事がなされる。廃寺なので、関係者が道の雑草を刈り取ると、その集めておいた雑草を今度捨てようと思っているといつの間にか片づけてあったり、水たまりで通れないところが砂利で埋められてあったり、物を置いているとブルーシートをかけられていたりする。でも、自分がやったとは住民は決していわない。周辺の無関心層をも自主的に巻き込むエネルギーが、結婚式のアートスタイルにはある。

6. 労働の価値転換

　東日本大震災後における石巻ウェディングの変化は、労働における価値観にも変革を起こしている。もともと、なぜ若者がウェディングをしないのかという予備調査の上に成り立ち、お金がかけられない人の多くを対象としているために、金銭的な稼ぎは二の次にされる。

　東京や仙台ではなく、石巻という地域が、彼女たちが携わるなかで、金銭や速度、効率や成果指標といった近代的な外在的指標よりも、モノゴトの連続性が前提となっている仕事がなされる背景には、都市部での会社勤めと違い、生活における労働と余暇の明確な区分けが不分明な土地柄にある。このことを、アートプロジェクトにおける協働と労働の関係から長年調べた兼松芽永は、「稼ぎ」と「かせぎ」を区別して興味深い論理を展開している（兼松　2018：115）。

　前者の漢字の稼ぎは文字通り、一般的に働いてお金を得ることを意味する。他方、後者のそれは金銭や報酬をともなわない作業を指す。楽し

みや生き甲斐に近く、そこでは外在的指標は必要としない。かせぐのは、次のステップに進むため自分に問いかけて、よかったねというのを自分自身で反復し、自身や互いをねぎらい、為すことの区切りや価値づけるように、自負をもって動き続けるものである（同：119）。

　稼ぎとは異なる「かせぎ」の概念から、改めて石巻ウェディングの取り組みをみてみると、興味深いことがわかる。もちろん、結婚式はボランティアつまり無償労働ではないので、きちんとした金銭の報酬がある。しかし、近代的な労働観からは明らかに外れている部分がある。

　栄美さん自身、当初、物心ついたときからお金持ちになりたいと思っていて、給料が入ってくることを幸せの価値として置いていた。社会人になっても、どれだけお金を稼いでおいしいものが食べられるのかということで、20代にはたくさんお金を稼ぎ遊んでいた。がつがつお金・お金・お金と来ていたのが、30代過ぎて初めてお金じゃないと思った。それまでの自分の生きている時間は、すべて時給換算されて、司会をしたらいくら稼げて、打ち合わせをしたらいくら稼げるというかたちで、時給換算し直すとこれだけしかないということで、モチベーションも下がっていた。金額が大きいといわれたら、乗り気でない講演会の司会も引き受けた。

　ところが、震災を経て石巻ウェディングに携わるなかで、稼ぎから、かせぎへと価値観ががらりと変わったのである。人生のなかで、今が一番早く時間が過ぎていくけれども、一番生き方として楽だという。それは、自分のあり方にそって生きられるし、自分を裏切った生き方をしていないからである。その一方で、週に2回程度は会社勤めに戻りたいときもある。しかし内なる声も、楽なのはお金の面だけであって、気持ちの面では楽でなかったと振り返ることもしばしばである。仮に会社勤めのブライダルプランナーであったら、なにも新郎新婦や地域に対して提

案できていないし、時間に縛られることになる。「これがあなたの（月々の）お給料だといわれていたら、今のような個性的なウェディングはできていない」と振り返っている。いつも彼女は貯金ゼロである。なぜなら、今少しでも利益を得られたらすべて地域に還元している。いつもお世話になっている着物屋さんから着物を買うかたちで、稼いだ以上にお金を使うようにしている。すると不思議と自然とお金が後からまわってくると考えている。

石巻で創り上げたクリエイティビティは、アート特有にみられる独創的で、ともすれば独走的に突っ走る可能性ももっているが、意外なほど絶妙なバランスで上手く抑制されている。それはひとつには、結婚式における責任感から発生しているものが大きい。つまり、彼女たちは新郎新婦との関わりを一過性のものだと想定していない。この間も新郎新婦に子供ができれば、彼女たちに見せに来るような濃密な関係を築き始めている。

そして、その気遣いは、その地域との関係を新郎新婦が結婚式を催行したがために壊したことにならないように細心の注意を払っている。1日だけの結婚式の淡白な付き合いというよりもむしろ、それは通過点であり、より長いパースペクティブをともなった、家族や地域への親密な関わり合いとして、仕事を位置づけしている。細やかな根回しや関係つくりもあって、ウェディング自体の催行はひと月に1組しか行っていない。それだけ全力投球でその都度「物語」を親身になって完成させていくのである。

ウェディングを創るなかで地域を巻き込んでいくが、地域の住民にとっては、新しくもありながらどこか懐かしむものとして展開されている。つまり、世代分離のようなものがみられない点も特徴的である。今の結婚式スタイルは、観察する限り、どちらかといえば若者世代に即し

た出し物などの余興や音楽で埋め尽くされていて、上の世代は置いてきぼりであった。

　ところが、この地域に開くスタイルは、若者世代・年輩世代両方に対して同時に包含させる要素をもつ。それは、若者世代であれば、参加して何よりも結婚式のスタイルが斬新であるので、新奇感をもつことができる。後者の年輩世代には、自分たちの世代が経験してきたであろう結婚式を彷彿とさせるコミュニティでの祝福スタイルが、踏襲されていることにどことなく懐かしさを覚えるのである。いわば、世代を超えて、古くて新しい、あるいは新しくて古いイメージを与えることに成功しているといえる。

7.　大震災という問いかけ

　地域で催行されるウェディングには、ウェディングの性質上圧倒的な非日常の部分が当然のことながら含まれている。これは石巻の地域によっては、津波の破壊によりコミュニティが分断されて気持ちが沈み込んでいるところに、祝祭のベクトルを向けることによって、個々人ではなかなか立ち上がれない気持ちを全体的にすっと昇華させる効果をもつ。

　同時に、日常の再確認をもたせることになる。地域によってこの日常は大震災特有の日常で、かつてはそこにあったが津波後消えてしまい今ではもうない。具体的には津波そのものによる破壊であったり、危険災害区域による住居の制限であったり、過疎化のより一層の促進であったり、コミュニティの消失や分断をともなっている。そのなかにあって、結婚式の再演は個人的なかつてあったという経験の記憶の喚起であったり、コミュニティにおける感情的結びつきを再確認できる場ともなっている点である。すなわち、結婚式がワクワクするような高揚感の気持ちとは裏腹に、あんなこともあったよねという地域住民の存在証明に関わ

る心の落ち着かせ方に凝華(down)した側面をもつ。

　このような両義的な意味をもつ祝祭の反面、石巻ウェディングには、「喪」の意味ももち合わせている点である。というのも、結婚式のアルバムをつくるための前撮りの写真は、なぜか流された自身の屋敷跡地で、家族の遺影をもって、その繋がりを再確認する要望が多い。その様子を指して、まるで知らない人が見るとお葬式のような風景にも見えるという。自分たちの時間の延長に、喪われた家族やまちの姿を内に感じるように刻みつけることが行われている。

　欠損による繋がりやお金ではない「かせぎ」という問いは、大震災という大きな破局的経験を経て初めて切り詰められる、普遍的思想であると思われる。お金やクレジットカードは、震災時使用価値を失い何をも意味しなかった。道具としての通貨の役目をしばし停止したのである。物の欠損は人びとに新たな繋がりの共同の意味をもたせ、わたしたちは「未来の先送り」ができないことを痛切に感じとったのである。いわばそれは深い絶望のなかから立ち上がった「未来の先取り」でもある。豪華でみてくればかりの外面の表現方法を、時代の要請として拒否する。地域は欠損のなかで孤立化もせず活かし合う関係によって支えられる。

　結婚式が、本来的には、煮詰めた人生を表現するのにひとつとして同じものはないことを、このウェディングほどストレートに表しているものは他にないだろう。大災害の現場を祝祭に変えるダイナミズムは、個人の経験が薄められたことで実現させるのではなく、むしろその経験が凝縮された先に地域が開かれているという逆説性(パラドックス)を露呈させたのである。

参考文献

藤田直哉、2016、『地域アート―美学／制度／日本』堀之内出版

兼松芽永、2018、「アートプロジェクトをめぐる協働のかたち―地域活動と大地の
　　芸術祭サポート活動のあいだ」白川昌生・杉田敦編『芸術と労働』水声社：91-
　　128

北川フラム、2015、『ひらく美術―地域と人間のつながりを取り戻す』筑摩書房

北田暁大・神野真吾・竹田恵子（社会の芸術フォーラム運営委員会）編、2016、
　　『社会の芸術／芸術という社会―社会とアートの関係、その再創造に向けて』
　　フィルムアート社

熊倉純子監修、2014、『アートプロジェクト―芸術と共創する社会』水曜社

白川昌生・杉田敦編、2018、『芸術と労働』水声社

吉澤弥生、2011、『芸術は社会を変えるか？―文化生産の社会学からの接近』青弓
　　社

7 │ 記録と忘却

《目標＆ポイント》 災害は、そのインパクトに比して忘却しやすい性質を
もっている。しかし、物理学者の寺田寅彦が言明するように、災害は「自然
ほど伝統に忠実なものはなく、地震や津波は、流行にかまわず、頑固に、保
守的に執念深くやってくる」とくぎをさす。科学の方則〔ママ〕は、畢 竟
「自然の記憶の覚え書き」であると締めくくっている。つまり、災害大国に
あってそこに例外なく暮らしを立てているわれわれは、忘れた頃に災害が襲
来するのであれば、人間側にとって大切なことは、それをできる限り覚えて
おいて注意喚起し、持続的に災害時に備えることであろうと説く。
　忘却に抗する手段として「記録する」ことが第一義に考えられるが、災害
時における実際の行動は、上から見て単純に津波から逃げるというあり方を
否定する。なぜなら、人間関係や地理的情報、過去の経験が複雑に絡み合っ
ているからである。これらの事実は、未曽有の大災害をどのように減災する
のかという、ソフトな対策の点からも多くの「示唆」を与えてくれる。
《キーワード》 小さな出来事、忘却、記録、手記

1. 小さな出来事

　2011年３月11日、東日本で発生した未曽有の巨大地震、大津波と原発
災害は「世界」の知るところとなった。その意味で、この"出来事"は
グローバルである。2004年のインド洋大津波におけるリゾート地の映像
同様、津波が到達する生の映像がテレビ各局を通して、日本および世界
中の家庭に届けられた。多くの人びとが、リアルタイムで津波の映像を
驚愕の思いで見ていたのではないだろうかと思う。

　全世界の人びと、普段は日本が援助している国々からも多額の義援金が寄せられたのは、日中の明るいさなかに起こったこの惨劇を、人びとが映像で疑似体験したことが大きい。もし、津波が真夜中に襲っていたならば、家や車などが津波に巻き込まれていく映像を目にすることはなく、避難した人びとのインタビューを通して何が起こったのかを想像することしかできなかったであろう。

　映し出される数多くの映像は、わたしたちが想像しそこで考える余地を与えないほど圧倒的なものであった。誰しもが言葉を失った。上空から飛行機などで撮影された白波が海岸に打ち寄せ、家や車を薙ぎ倒していく映像によって、茫然自失となった。それはまるで9.11アメリカ同時多発テロのときと近似している。超高層ビルに飛行機が突っ込んでいく様子は、映画そのもので誰しも現実のこととして思えなかった。本章では、この現在進行形（on time）で起こる大きな「出来事」について、大きな疑問を投げ掛けてみたい。

　地球の裏側でもリアルタイムで巨大な津波を見ることができた一方で、まさにそのときこの地震や津波を経験した人びとは、停電や電波基地局の破壊、集中アクセスなどによりあらゆる情報を得ることができない状態にいた。これほどの大規模の地震や津波だということを把握するのに、地球の裏側の市民よりも3日から5日近くの日にちを要する地域もあった。

　ちなみに、明治に起こった三陸大津波は深夜に襲来した。テレビはおろか写真もないような時代であったため、災害発生の一報が東京に入ったのは翌日の午後のことであった。テレビやネットを通して被災地の現場の人びとよりも先に、視聴者がいち早く災害を目撃することができたことは、歴史的にみて特筆すべきところであろう。

　津波の映像とともに、マグニチュードや死者・行方不明者の「数値」

が補足され、やがて福島原発の「無音」の爆発映像に切り替わり、計画停電のニュースとともに「首都圏および東京」そして「海外」の関心ごとに出来事が切り替わっていった。その後の政府の対応のまずさ、被災地への政治的な空白や停滞は枚挙に暇がない。

　このように目まぐるしく動くまなざしの変化は、結果として実際の現場で生じている「身の丈」にあった人びとの経験を切り捨てることになった。もちろん、後から被災者へのインタビューによって生の経験が語られたが、それらはあくまであの津波の圧倒的な映像を補完する役割に限定された。一番情報を欲している人びとが、その情報に取り残されたかたちとなった。行方不明者の安否や津波、生活物資の配布などの、必要な情報が現場で圧倒的に不足していた。

　マグニチュード9.0という巨大地震に、長時間さらされた人びとの生々しい恐怖。津波に飲まれた人びとの夢とも現実とも知れぬ死の恐怖と切迫感。赤子が目の前で車ごと沈んでいったり、電線に遺体がぶら下がったりしている非現実感。さらには2万人に届かんとする、死者行方不明者の遺族がどのように捜索し、遺体と向き合い、火葬も叶わず仮土葬で済まさなければならなかったのか。そして、原発の傍らで無音ではなく、聞いたことのない爆発音を耳にした人のいい知れぬ不安、何万人の人びとが身ひとつで行き先もわからずバスに乗せられて「避難民」と化したのか。職や住宅を失った人びとの無数の声は、これら映像の陰ですべてかき消されてしまった。というよりもなかったかのように扱われた。問題は、これら小さき名もなき声の表出の仕方である。

　千年規模の巨大災害であるからには、当然その被害や影響もその及ぼす範囲も大きくなる。だからといって、そのまま上から津波の映像を眺めているだけでは、実際現場で生じている小さな「出来事」はわからない。かといって、小さい出来事だけでは、広範囲および全体像をなかな

か把握できないという弱点を合わせもつ。

2.　忘却

　災害が起きた後、共通して叫ばれるのが「復興」という言葉である。復興が対象とするのは、生者であり、死者は排除される。近代的な時間の流れは、過去から現在、未来という直線的で絶対的なものとして扱われる。復興の過程で、震災以前の過去に生きていた人たちは、現在や未来において生きられない人びととして認識され、社会から存在を抹消される。つまり、第二の死を迎えさせられてしまう。

　たとえば、子どもを亡くしたある遺族は、事情を知らない塾の業者から「○○さんはいますか」と電話がかかってきた。渋々、娘が震災で亡くなっている事情を伝えると、「そうでしたか、でしたら（名簿から）削除しておきます」といわれ一方的に切られた。この削除の言葉に深く傷つけられた。

　生者の鼓動がこの世から消えたとたん、生きてきた証すらなかったことにするということは、個々の理屈を超えた近代的な時間管理のあり方の問題でもある。そして、わたしたちは、そこに知らず知らずのうちに押し込められているのかもしれない。つまり、その人を想う可能性が社会的に完全になくなってしまう場合、「忘却」という問いをわたしたちは立てることができる。それでは、忘却に抗するためにはどのような方法が考えられるのか。

3.　記録を採ることの意味

　忘却には、「完全な忘却」と「一時的な忘却」とがあるといわれている（谷島 2017）。後者は、ある事柄がある時点で忘れられているが、それが想起される可能性がある。それに対し、前者の忘却は、ある事柄が

想起されるあらゆる可能性が消失してしまっている状態を指す。

　完全な忘却は、世界にそのようなことがなかったことになってしまう危険性と常に隣り合わせである。この完全な忘却に資するものは、記録である。今の時代であれば、カメラやビデオ、録音や携帯などさまざまな記録手段がある。このような文明の利器がない時代は、紙への記録が一番の手段であった。1854年に和歌山県広村で起きた地震・津波での、濱口梧陵の記録などは、文章や絵図が見事に残されていて遡及して調べられる。それに比して、1771年に琉球地方を襲った明和の大津波は、当時としては役人以外文字を起こすことはなかったため、人魚の伝説による口頭伝承のみで、あとは地質などの手段を用いて津波の痕跡を辿ることでしか忘却を埋め合わせる手段はない。

　災害における忘却とは何か。それは第一義に、喪われた甚大な人命が救えたかもしれないという未来への教訓である。すなわち、完全な忘却から記憶を想起し記録に変換する作業である。筆者もこのような観点から、災害の記録を採ることをねらっていたが、次第にこの教訓とは異なる第二の意味があることを発見することになる。第二の意義を踏まえるために、第一のプロセスを辿りながら、それとの違いを明らかにしていきたい。

　社会学に隣接する分野に地理学があるが、2018年の『地理』（通巻755号）の特集記事に、東日本大震災を踏まえて「災害をどう記録し、どう伝えるのか」という検証のための論考が組まれた。この特集の目的は明確で、来たるべき南海トラフなどの巨大災害を念頭に、後世・他地域に被災体験を伝えることである（岩船・田村 2018）。

　このなかで、被災体験は、「口伝えでは残り難いものの、文字などで「記録」として残せば、それが保存され続ける限り、記された情報は、世代や地域を越えて長く残すことができる」（同上：10）という位置づ

けとして捉えられている。その結果、2018年に発行された『3.11残し、語り、伝える岩手県山田町東日本大震災の記録』（『山田町震災記録誌』：HP でも公開）となって結実する。具体的には、被災を防止するために、被災に至った経緯を具体的に理解できるように、被災者が認識している情報にさらに聞き取り調査を加えて、パーソナル・スケールを意識して時空間情報を検証して、整理・再現することを企図している。その意味で、地理学が果たす役割は大きい。つまり、地図に空間行動を記録していくことになる。とりわけ、当事者が書いた手記と彼らが編纂し直した記録誌の比較は興味深い。

　…テレビは突然電源が切れました。いつもならすぐテレビが地震情報、津波注意報を放送してくれるのに。
　私はパニック状態になり、バッグ一つを持って階下に下りて、外出していた義姉（83歳）を心配して、ただただおろおろしていました。そのうち、義姉が無事帰宅して、2人で織笠保育園に避難しました。…
（『3.11百九人の手記—岩手県山田町東日本大震災の記録』）

　…テレビドラマがしばらくしてプツンと切れた。停電したためにテレビから防災情報が入らなかったという。地震の揺れの凄さに「これは何だ」と思ったが、すぐに収まるだろうと思い、こたつの中に頭から潜り込んで様子を見ることにした。
　揺れが収まり、歩けるようになったので、こたつから出た。「津波から逃げる」ことを意識した。まず、二つのバッグを手で持った。そのうち一つには、通帳、A さんと夫のカードが入っていた。また書棚の上のレターケースから飛び出した自分と夫、長男、三男の実印が畳に転がっていて、共済証書などと共にバッグに入れた。

　その後、数か月ほど前まで自室だった「２階の長男の部屋」にある「防災リュック」を持ち出そうと思った。Ａさんは部屋に入り、押し入れを開けて探したが、手前には長男の私物ばかりがあり、見つけることができなかった。「２階にいて津波に流されんじゃねえが」と不安を感じ始め、防災リュックを諦めた。１階に降りて玄関から外に出て、玄関の向かいにある小屋で「避難訓練で使っている長靴」を履いた。「素早く動く」ことを心掛けて行動したので、ここまでそれほど時間が経っていないと思う。(『山田町震災記録誌』)

　玄関から道に出ると、避難するべき上の方が見えた。…

　比較してみて、地理学者の岩船は、後者の方が、避難行動にかかわる時空間情報の復元性が高いという結論を得ている。つまり、科学的な再現可能性および客観性を担保できているという主張である。ただし、人びとの記憶を記録に変換するうえで、課題を抱えている。まず、「避難行動」という限定されたトピックのもとに、情報が一元化されている問題をあげることができる。人びとの「目」から行動という「身体性」へと比重が置かれて、○○さんという個別の呼称から、ＡさんＢさんというかたちで一般化され、まさしく後世・他地域のためにデータ化され主観性が他者化されていく過程をともなう。

　それに対して、わたしたちが採用した方法は少し異なる。それは比較対象として前者に置かれた、当事者である被災者が綴った手記という方法そのものである。

4. 手記の重要性

　聞き書きの手法だと、前後の文脈がわからなくなってしまい、聞き手が聞きたいことだけを聞いてしまう傾向を強くもつ。災害の体験を文章

でつづってもらおうとお願いをしたときに、インタビューだったら応じるという方も少なくなかった。インタビューの方が比較的話が聞き易く、目の前で反応してくれるのは確かである。

　しかし、記録として残すためには、本人に書いてもらった方が、後々まで残っていくのではないかと考えた。1995年に発生した阪神・淡路大震災は、筆者が大阪の兵庫にごく近いところにいた。大学入学直前だったので、入試の際も道が瓦礫の山になっていたり、2階建ての建物の1階が破壊されて2階が1階になっていたり、新幹線の高架橋が落ちていたり、日常生活からはあり得ない風景を眼前にした。

　そのときにマスコミは、横倒しになった阪神高速道路やビルの倒壊、長田地区の火災現場などを上から鳥瞰する報道が多く、現場での被災者の声は掻き消されていた。報道ヘリの騒音で救助を求める声が遮られる事態も起こった。被災者の小さな声がきちんと記録されるべきだとそのときは思っていた。あれから、マスコミのもっている暴力性についてずっと違和感を抱えていた。そして3.11の被害についての報道でも、津波の映像が大量に流れた。阪神・淡路大震災を受けてのわたしなりの立ち返り方をすると、この惨事をひとつのまとまりをもった書物として記録に残そうと考えた。

　ただし、当事者の等身大、それでいて大震災時何が起こったのかという災害全体を知ることができる資料記録、この矛盾する2つの要求を満たす報告書なり研究業績は一部を除いては当時存在しなかった。

　16年前の素朴な疑問が、現在暮らす仙台で浮かび上がり、阪神・淡路大震災当時のわたしに向けて、答えを書くべきときがきたと思えた。ガソリンが手に入りはじめた3月27日、救援物資を届けるため、大学のゼミ生たちと、卒業生や調査でお世話になったことのある津波の被災地を訪れ、被害の大きさと深刻さを肌身で感じた。そこで「震災の記録プロ

ジェクト」を立ち上げ、現場で見聞したことからおおよその被害のイメージをつかんだ後、大学の教養の講義等を通じて約500件の震災レポートを提出してもらった。

　一人ひとりの体験は個別性という点で貴重であったが、調査の観点からその違いは誤差の範囲であった。どこで震災に遭ったかという地域性や、親族や知人への言及に注目してレポートを選択し、学生約30人とコンタクトをとり、学生の両親や知人に震災の記録執筆への協力を仰いだ。さらに漁業や農業という被災の特殊性を考え、大学同窓会のOBの伝手はその後プロジェクトの一助となった。

　本書は、調査者であるわたしがインタビューを行い、それを取捨選択しまとめる方法をとっていない。実際にその現場で震災に出くわし経験した71人もの人びと自らが書き記したものである。身の丈として経験された記録には、上空のヘリから車や人家に迫りくる津波を見て「早く逃げて」という未曽有の災害との距離感や、それに対する切迫感は多くの場合感じられない。むしろこれまでの津波を経験した人の場合であれば、「（経験上）ここまで来るはずはない」という安堵のもと、庭先で煙草やお茶を飲んでいる姿が見えてくる。あるいは、津波を経験していない地域に住む人の場合であれば、周囲の建物や堤防が自分たちの目線よりも高い位置にあるため、沿岸に10メートルの津波といわれても、「まさかオカ（陸地）にまで津波は来ない」と安心し、急に家や車の周りに津波が押し寄せ溺れるケースも見受けられる。

　経験／未経験どちらの場合をとったとして、生と死の瀬戸際を彷徨うことになる。災害時における実際の人の行動は、上から見て単純に津波から逃げるというあり方を明確に否定する。人間関係や地理的情報、過去の経験が複雑に絡み合っていることがわかってくる。これらの事実は、未曽有の大災害をどのように減災するのかという、ソフトな対策の点か

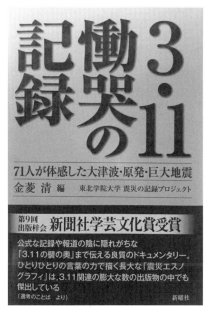

写真 7 - 1　3.11慟哭の記録

　らも多くの示唆を与えてくれる。もちろん、ここにあげた人びとの行動がすべてを代表しているわけではないが、少なくとも実際にはどのように人びとは行動したのかという、災害時の視点の置き方だけは参考になる。
　当初の目的は、実態のつかみにくい千年規模の大災害を社会史としてまるごと理解するために、調査トピックと調査地点を複数設け、現場の生々しい「声」に重きを置いて"小さな出来事"を濃密に描くことであった。出来事の"広さ"と"深さ"両方をあわせもつことで、広域大災害の実態をあきらかにするエスノグラフィーをめざした。2012年に出来上がった記録が、『3.11慟哭の記録－71人が体感した大津波・原発・巨大地震』（新曜社）である（写真 7 - 1 ）。

　具体的にトピックを拾うと、「震災川柳・震災日誌・仮土葬・行方不明者捜索・盗み・民間ハローワーク・民俗芸能・障害者・介護・消防団活動・海の信用保証・遺体安置所・うつ病・福島第一原発の瓦礫撤去・避難区域・母子疎開・一時帰宅・スクリーニング・風評被害・脱ニート・山津波・エコノミークラス症候群・新幹線閉じ込め…」などである。千年規模の災害を総体として把握できるように、編集の際にメインにするべきトピックを選んで目次に記し、被災地点ごとに記録をまとめて配置した。これは、調査地を複数地点に拡張したエスノグラフィーの応用的手法である。

　たとえば、各国が報道したような、日本の災害時の暴動にならずに整然と物資の配布に並ぶ礼儀正しさは、毎回の災害の美徳として語られている。しかし、長期間物資の供給が滞り、情報がないなかでは、結果として盗みを働かざるを得ない現場もあった。

　その日の帰りに近くのドラッグストアーに盗みに入った。誰かが裏口のドアの鍵を壊したのだろう。たくさんの人が店内から使えそうな物を持ってきていた。私も入った。この震災で私は普段当たり前のように金を出せば手に入る物が買えなくなることの恐怖、つまり物がただなくなっていく恐怖、飢餓への恐怖を嫌というほど思い知らされた。だからこの時も、ただ「生きたい」という感情のみで動いていたと思う。悪いことをしているというのを考えないようにしていた。収穫はトイレットペーパーとナプキンだけだった。なんだか複雑な気持ちで帰っていくと、また別のスーパーが同じように騒がしかった。また集団で盗みに入っているのかと思い行ってみると、今度は店側が自主的に店を開けて、自由に持っていって良いとのことだった。私はこの時、食料問題が解消されたことよりも、また罪を重ねなくて済むことに安堵していたと思う。

（成田賢人「「盗み」に入らざるをえない現実」『3.11慟哭の記録』106-114）

　津波で泥がかぶって実際上は商品にならなかったにも関わらず、拝借することへの抵抗とそうせざるを得ない現実との間で、葛藤する被災者の姿が浮かび上がっている。

　また、マスコミが扱うものは津波と原発で終わってしまうことが少なくない。内陸部で被災した人にとっては、地震の部分で経験したトピックというのは随分とある。新幹線内で被災し、14時間にわたって閉じこめられてしまった人、自宅に戻れず、避難所と車の中で寝泊まりをした結果、母親がエコノミークラス症候群になり心肺停止に至りながら、生還するという体験をした人にも書いてもらった。

　救急隊員の説明によると心肺停止し、瞳孔もひらきかけていて、心肺蘇生を試みたが意識が戻らないという。愕然とした。救急車を呼びに行ったときは、まさかそこまで深刻な事態だとは思っていなかった。そのまま救急車に乗り込み、病院に向かった。救急車の中では隊員の方から母の年齢や持病、過去の大きな病気や倒れたときの状況など事細かに聞かれた。動揺して頭が回らない。年齢は答えられても何年生まれかは分からなかった。持病や過去の大きな病気も知っている範囲では答えられたが、全てを把握しているわけではない。病院も非常用電気で稼働しており、細かく検査出来るような機械は使えず、また、検査をしている時間の余裕もなかったため、状況判断で処置を施さねばならなかった。そのためには隊員によるこれらの質疑応答の情報は必要不可欠で、命が助かるかどうかも左右するのである。何度も念をおして聞かれ、間違ったことを言えば大変なことになるというプレッシャーと不安に押しつぶ

されそうであった。意識は一向に戻らない。この時すでに、トリアージは死亡を表す最悪の"黒"であった。」（佐藤美怜「エコノミークラス症候群による心肺停止」『3.11慟哭の記録』481-492）

　作業は疲労と困難をともなうものだったことは想像に難くない。そして、71人もの人びとが、発災後半年も経たずに復興のさなかに自らの体験を書きつづってくれた。基本的には10人のメンバーで学生の家族、知人と、つてをたどって協力体制・信頼関係のもと原稿を集めていった。募集にしてしまうと、「書きたい人」が書くだけになってしまう。そうではなくて、「書けない人の記録」ということを考えた。学生のもっている資源、大学のもっているネットワークが非常にうまく機能した。まとめる際には、字数制限をする（たとえば100字程度のまとめ）ことが普通だが、プロジェクトのなかでは無制限にした。

　事の前後の文脈が大事であるので、凝縮せずすべて書いてもらう方針をとった。そのうえで、書いてもらったものに加筆説明をしてもらい、書いてもらった人の地域が、トピックがよりみえるようにと工夫をした。必ずしも避難行動に限定したものではない。

　たとえば、女川の方の手記には、亡くなった家族の「仮土葬」をめぐる記述が出てくる。新聞で仮土葬が行われていることは知っていたが、何が行われているかは全然わからない。手続きはどうやっているのか、実際に遺族はどう思っているのか、この2点を疑問に思っていたのは筆者だけではないと思い、書いた本人に加筆をしてもらった。あとで聞くと、その部分は本人にとって辛い部分で、「書きたいんだけれど書けない」というような気持ちだったそうである。しかし、そこを書いてもらった結果、怒り、やるせなさといったことが本当に強く伝わってきた。

　県外の火葬場しか稼働していないこと。その火葬場も大変混んでいて
いつまで待てばいいのかもわからないこと。町では仮土葬の方針である
こと、、、、「仮土葬」、、、うちの両親達をそんなことにさせてたまるか！
土に葬るのだ。そして火葬場が復旧したら掘り起こして火葬するのだそ
うだ。火葬の予定も未定、何年土のなかで眠ってもらわなくてはならな
いのかもわからない。仮土葬という言葉に私は怒りを覚えた。（丹野秀
子「正座したままで逝った父、母、祖母」『3.11慟哭の記録』14-28)

　記録として残すことは読み手だけではなく、書き手にとっても必要で
あった。また、子供を亡くされた親御さんは、この手記を書いて何度も
筆がとまったけれども、今記録としていつでも息子がこうやって本を開
ければ蘇ってくるので、遺影の前に置かせてもらって「一生の宝」だと
仰っていた。それと同時に同じく亡くされた遺族から電話が掛ってきて、
今まで一人だと思っていたけども、同じ気持ちを持っている人がいて、
涙が止まりませんでしたと声をかけてくれる人もいた。『3.11慟哭の記
録』は、後世・他地域に伝える前に、御遺族当人にとって意味のあるこ
とだとわかってきたのである。

5.　心象世界を大切にする

　先にみた客観性というかたちで一般化され、後世・他地域のために
データ化され主観性が他者化されていくものと異なって、当事者である
被災者がつづった手記という方法そのものは、心象世界そのものの大切
さにある。聞き書きの手法もあるが、個人の体感にこだわりたかった。
同じ場所で津波に遭遇しても、『ナイアガラの滝』と感じる人がいれば、
『富士山が向かってくる』と表現する人もいる。心象をどう表現するか
には、人生が関わってくる。奥深くに潜んだ感情や体験を表現してもら

うには、自分で書く手記が優れている。

　災害の教訓として、再現可能性を追求した方法論が模索されている。たとえば、VR（仮想現実）を用いた現場での映像と、実際の津波を重ね合わせて当時を再現することが技術的に可能になってきた。しかし、注意しなければならないのは、これらの手法は、その場限りでの体験に終わってしまう危険性がある。誰がどのような思いで災害の事象を受け止めていたのかという、感情の襞<small>ひだ</small>を捨象することになるかもしれない。その結果、津波や地震という事象の凄さだけが経験されて、そこで人を亡くした悲しみなどは感知されなくなる。

　手記が大切なのは、映像や写真はそこにはないが、いったん当事者の経験の基礎に立って、文字に添わせることによって、人間の感情経験を追想できる点であろう。より踏み込んでいえば、言葉で表現し得ないものが当事者をもってすらこれほど大きいのだということを知ることによって、改めて災害が残した人の死の悲しさと重さを噛みしめることになる。人間の感情経験の心象世界に根差した人びとのあり方を問うことになる。

参考文献

岩船昌起・田村俊和、2018、「後世・他地域に「被災体験」を伝えるために―巻頭言にかえて」『地理』755号：8-14

岩手県山田町東日本大震災を記録する会編、2015、『3.11百九人の手記―岩手県山田町東日本大震災の記録』岩手県山田町

金菱清編・東北学院大学震災の記録プロジェクト編、2012、『3.11慟哭の記録―71人が体感した大津波・原発・巨大地震』新曜社

谷島貫太、2017、「＜全面的な忘却＞をめぐる哲学的覚え書き―フッサールとデリダから出発して」谷島貫太・松本健太郎編『記録と記憶のメディア論』ナカニシ

　ヤ出版：3-17

山田町編、2017、『3.11　残し、語り、伝える―岩手県山田町東日本大震災の記録』
　岩手県山田町

8 │ 心のケア論

《目標＆ポイント》　東日本大震災を調査するなかで、被災者がいわゆる心の回復の手段であるカウンセリング行為に対して、忌避することが明らかになってきた。精神分析を主体とするカウンセリングは、基本的にクライエントの言語に連なる無意識から、隠された過去の外傷的歴史を遡ることで外傷となる痛みを取り除く方法として、確立された治療方法である。

　それに対して、調査方法として採用した記録筆記法によってみえてきた「痛み温存」法は、外傷となる痛みを取り除く方向に向かうのではなく、その痛みは当人にとって大切な思い出として、むしろ保持されるという立場をとり、亡くなった家族との関係性の再接続を促すものである。この死者との共同作業を定位する記録筆記法は、単に生者への効果の側面だけではなく、今後、行方不明という彷徨える魂である生ける死者と、残された家族をつなぐ可能性も開くものである。

《キーワード》　カウンセリング拒否、痛み温存法、記録筆記法、震災メメントモリ

1．カウンセリングに対する現場からの疑義

　ある女性は、夫を亡くして、ひどく落ち込んで精神疾患を患っていた。震災当時新聞に心の無料相談ボランティアの広告があり、その切れ端を大切に保管していた。すぐにカウンセリングに行けるような状態ではなかったのである。心の回復をするのにも、そこに向かうまでの体力が必要である。そして、ようやく外に行けるような段階になって、紙片に記載されている電話番号にかけてみると、すでに不通となっていて落胆し

た。そこには、支援とそれを受ける被災者のニーズがずれてしまっている現実がある。

　災害における突然の家族の死は、それが現実でなければいいのにということを、どれだけの当事者が願ったことだろう。今朝あった何気ない会話、喧嘩したまま別れてしまった悔い、震災の前にどれだけの人が戻ってほしいと祈ったことだろう。これら懊悩する人の声に真摯に耳を傾ける人は、本来宗教者であったり、それを専門とするカウンセラーであったりするはずである。

　北海道南西沖地震より、心のケアを提言し続けている藤森和美・立男は、災害後に発生する被災者の心の問題は、阪神・淡路大震災の時代ではまだまだ軽視されていた。その背景には、被災者の心の痛みや悲しみは個人的に解決すべき問題だとみなされ、放置されてきたという文化的および歴史的な文脈と、日本の心の健康に関する調査において、自然災害の体験は精神面に永続的な影響をもたらすことは少ない、という報告があることだという（藤森 1995）。

　しかし、災害は被災者に大きな物理的被害をもたらすだけでなく、目に見えるものだけではなく、被災者の心のなかに深い傷を継続的に残していくという点を指摘し、心のケア対策を整備していくことの必要性を彼らは提案した。大規模な災害が生じたとき、家族が突然亡くなった遺族や、悲惨な惨事を目の当たりにした遺族や人びとは、心的外傷を負う。いわゆる心の病といわれるもので、それに対処する手段としてカウンセリングを主体とした、長期的かつ丁寧な心のケアが叫ばれる。

　ただし、社会的期待と現実は必ずしもマッチしてるわけではない。両親を亡くしたある女性は、近所でも評判の心療内科に赴いたが、ひとり15分と時間的制約があるなかで、聞いてもらいたい気持ちをもっていても、長くなりそうなのを察知した先生は、それは次回に聞きましょうと、

クライエントの希望を遮るかたちで診療を終えようとする。そして、彼女に強力な睡眠導入剤を多数処方した。被災者がいわゆる心の回復の手段である、カウンセリング行為に対して、忌避しているケースも珍しいことではない。避難所でも、公然とある避難所に派遣された看護師に対し、現場の保健師が申し出た内容は、「避難所では『心のケア』と名乗らないでほしい」「心のケアと掲げる色々なチームが避難所を訪れ、被災者に質問するので、被災者が辟易（へきえき）して、他の避難所に移りたいと言うのです」（讀賣新聞2011年6月22日付）。

　このような抵抗感は、すでに精神科医でも把握済みで、阪神・淡路大震災の被災地でこころのケアセンターに長らく携わっている加藤寛は、彼自身被災地に入って当時避難者であふれた体育館や教室を回って体調や不眠などの相談を受け、必要があれば投薬をする活動をしていたが、「精神科」の敷居の高さは予想出来ていたため、救援の医師としてふるまったが、精神科医とわかってしまうと、「こんな状況だったら誰だって苦しい。でも精神科の先生のお世話になるほど、おかしくなっていない」と婉曲的に関わりを拒否され、住民の精神的・心理的援助に対する抵抗感が非常に根強いものがあったという（加藤 1999：154）。

　そのうえで、待ちの支援ではなく、メンタルケアを受けたことのない被災者のもとに出かけて、援助を提供するアウトリーチ支援と呼ばれる手法を用いた。訪問の際には、地域担当の保健婦や他の支援者と行動を共にして、直接メンタルヘルスと関係しない、身体面の健康相談やレクリエーション活動に加わることで、被災者のコミュニティに浸透し、馴染みのある関係をつくったうえで、継続的なサービスを提供する工夫である。東日本大震災においても、石巻市や東松島市などで活動を展開する「からころステーション」では、アウトリーチ推進事業の一環でこころと体の相談所として、避難所での支援活動を行っている。なぜ身体か

というと、ストレスがかかると身体症状が強く出ることから、動悸や高血圧、食欲減退などの訴えが多く、身体化された症状が前面に出てくるので、先に体にアプローチしながら徐々に関係性をつくる試みである（「こころのケア・3年目の現実」『精神医療』2013：72号）。

このように、災害が発生するたびにPTSDなどのこころのケアの拡充と制度化が叫ばれ予算がつけられる。注意が必要なのは、カウンセリング行為には質的にも量的にも大きな制約がかかっている現実が、実際には存在する点である。被災者側にも心療内科に対して大きな誤解があり、クライエントとカウンセラーとの間に、しっかりとした関係を構築するためには、費用・時間・人材が圧倒的なまでに不足しているといわざるを得ない。

大規模な災害において、この問題をクリアするという大きな実践的課題が存在する。それでは、震災後生まれる多数のケアを必要とする人に、どのように対処することができるのだろうか。つぶさに現場を見ていくなかで、加藤が指すようなメンタルヘルスと一見関係しないものに、実は重要なこころのケアが含まれている点が大切である。

こころのケアセンターに従事した心理療法家の岩井圭司も、自戒を込めて、個人が癒されれば集団も回復すると考えがちだが、被災地のコミュニティの互助機能を回復させるこころのケアという、逆方向の波及効果の重要性と必要性を強調している（岩井 2012：32-33）。さらにこころのケアに際しては、疾患を完治させたり症状を克服するというよりは、病をなるべく無難に経過させたり被災者の回復力を高めることが重視されるべきで、岩井はこの考え方を「ケアの論理」と名づけている。

このような避難所や仮設住宅へのアウトリーチ型の包括ケアサポートが機能する一方で、冒頭の女性や睡眠導入剤を多数処方された方も、自分が住んでいる所とは異なる被災地で両親や夫を亡くしていて、従来の

「被災者」の枠組みから外れている。仮設住宅への支援という枠組みからも漏れている人びとである。本章では、ひとつのヒントとしてこれまでの心理療法とは異なる視角から、こころのケアを考えてみたい。

2. 調査者と被調査者の捉え方のズレからみえてきたもの

　本章では、第7章でみた、震災の記録本『3.11慟哭の記録—71人が体感した大津波・原発・巨大地震』（新曜社）を、まとめるに当たっての調査方法の模索と当初の調査目的からはズレてしまったが、新たに見つかった社会学的知見について考えてみたい。

　当初の調査する側の目的を超えて、被災者である当事者からの予想外の反響があった。調査者と被調査者とのズレからみえてきたものを通じて、これまで抜け落ちていた「死者」との新たな向き合い方を手繰り寄せておきたい。

　本の刊行後、お礼のために執筆者を訪れたところ、「これを出してくれてよかった」と感謝の言葉を多く受け取った。遺族の方々の訪問には緊張して臨んだが、仏前に本を供えてくれたり、亡くなった家族が「本の中に生きているようで」と本を抱きしめる方もいた。そうした思いがけない反響を、驚きながらもこころに留めていた。その後共同通信社の取材で、普段われわれがインタビューで行う「聞き書き」と、今回のように「本人が実際に書くこと」の違いについて質問を受けた。そこで改めて執筆いただいた遺族の方々へ聞き取りを行ってみると、意外なことに『3.11慟哭の記録』で採用した方法が、こころの回復に対してよい影響を与え、記録以上の社会的価値が含まれていたことが、後からわかった。

　「記録筆記法」と私たちが呼んでいる方法は、被災者自らが大災害で経験した事象を5W1H（When・Where・Who・What・Why・How・おこ

なったのか）として書きつづっていくという、手法としてはシンプルなものである。とくに被災者遺族の方々には、記憶を言葉にして筆記することで、遺族にとって肉親の死の悲しみとはどのようなものかを、十全に表現していただいた。ところが、その筆記が亡くした家族と共にいる実感を得たり、その関係性を自己のなかに深く意味づける機会となり、こころの回復につながったという結果を得た。それは一体なぜだろうか？

　それは調査の方法に密接に関わってくる。千年災禍の記録をなぜ聞き書きではなく、当事者自ら文字をつづる方法としたのか。まず、聞き書きは質問者が聞きたいこと、話者が話したいことだけで終わってしまう

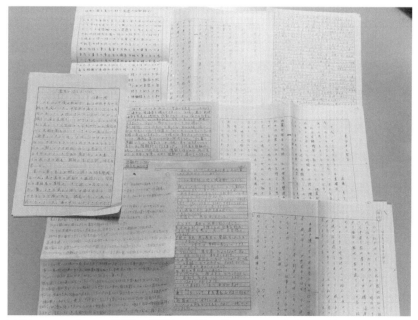

写真 8 - 1　『3.11の慟哭の記録』の際に集められた実際の原稿

からである。フィールドワークをして、構造や背景に迫ることも考えたが、被災地が広域で特定の地点をあげることすら覚束ず、被災者の人間関係を含むエスノグラフィーをまとめて期限内に刊行するには、震災発生から1年では困難であると断念した。

　何よりも、人類史という観点からの災害記録という点を重視した。広範な現地記録を収集するために、原稿枚数を制限して記録者の人数を増やす方法がよく採られるが、これは記録の前後の文脈が欠落し、何を経験し見聞きしたのか、震災の正体をつかみ損ねる可能性があった。

　そのため、原稿を依頼する際にその人自身の"当事者目線"で5W1Hを中心に自由に書いてもらった。特段の期限や文字数の制限などは設けなかった。もちろん、疑問点が生じた場合は何回も書き直しのやりとりをしたり、被災者遺族や自宅や仕事を失った方々には、1、2回手紙やメールの往復で、わかりやすく伝えるための補足を行ったりした。

3. 記録筆記法によるヒーリング効果─あえて被災経験を書き記す意味

　過酷な経験を経た後、人はそれを振り返らない方がよいのか？ 被災者にとって、感情を含む行動を時系列で淡々と書く手法は、そうでないことを教えてくれる。当事者が書きつづる「記録筆記法」により、「気持ちが整理できた」「どこか肩の荷がおりた気持ちになった」等の反応が寄せられた。この肯定的評価には、本人がすっきりした以上に、亡くなった肉親が「生き続ける」意味が含まれていることがわかってきた。

　人知の及ばない自然災害である一方で、家族が亡くなったのは"自分の責任だ"という感情がある。「強迫自責」や「サバイバーズ・ギルト症候群」といわれる、戦争や災害時に典型的に現れるこころの状態である。実際に、津波で近親者の手を放したり、自分がプレゼントした上着

が水を吸って重くなりそのせいで亡くなったと、自分を責める人たちがいる。

　東日本大震災の場合、長い地震のあと津波が到達するまでに時間的猶予が残されており、この「物語の不在」がさらに被災者遺族を苦しめることになった。津波による死は避けられたのではないか。「もし自分が〜していたなら家族は今頃生きていたのではないか／いや生きていたはずである」という"たられば"の仮定法の自問自答が繰り返される。

　突然先立たれた遺族は、その生物学的死と、「死んではいない」という可逆的な未死の間を揺れ動くことになる。それは、鎮魂されて安定する魂が浮かばれないという意味も含む。彷徨える魂と遺族の不安定さは、残された遺族を彼岸の世界へ誘う呼び水ともなる。この死へと誘う導線を断ち切り、保留状態を脱する手立てが必要となる。自然災害と人間の行為水準を超えた因果関係の結びつきを解くのが、記録筆記法の大きな利点である。

　どのように記録筆記法が有効なのかを考えてみる。記録筆記法では、5W1Hの時間の間断を少なくして、前後の文脈を詳らかにしていく。この方法によって、いきなり襲いかかった災害の強烈なインパクトにより生じた記憶の空白を、前後の出来事の文脈をたどることで埋め合わせることになる。

　なぜ愛する人が突然亡くなったのかというWhyの問いを、どのように亡くなったのかというHowの状況説明におき直し、時系列にみていくことで、肉親の死は必ずしも自分のせいではないことを描き出す。記憶の空白への経験の埋め戻しは、遺族が記憶に刻み込んでいたシーンを相対化する可能性を秘めている。この相対化は遺族に何をもたらすのか。

　柳田邦男のノンフィクションに『犠牲（サクリファイス）—わが息子・脳死の11日』（1995）という著作がある。柳田の次男が20代で精神

を病んだ上で自死を図り、脳死状態で11日後に亡くなるまでを詳細につづった記録である。息子の死に親として一端の責任を感じ、それを11日間の記録として残すことによって、自分と自分の息子に向き合った作品であったが、その後彼は、東日本大震災の取材や支援を行うなかで、ひとつの共通点を見出す。ひとことでいえば「書くことが癒しになる」という点であった。

たとえば、被災したり親を亡くした子どもがPTSDを抱えながらも、当日のことを作文に書くことで、しだいに癒されていくことが考えられる。こころのなかで混乱したものを言葉で表現することで、自分とは少し切り離してみてみる。もやもやした気持ちを言葉にすることで、こころのなかの「ぐちゃぐちゃ」したものが、順番に時間を追って整理される。それを誰かに読んでもらえれば、誰かがその気持ちや状況をわかってくれる。つらい感情は消えないけれども、それでも立ち上がれると、柳田は述べている。

記録筆記法は、カウンセリングで用いられる技法のひとつとして、精緻化させることも可能であろう。ただ、ここではその効果の実証に即座には向かわない。もとより、記録筆記法がそのような健康増進を目的としたものではない。むしろ、わたしの関心は当初の予想とは異なる、被災者遺族のこころのあり方にあった。

4.「痛み温存」法—カウンセリングと記録筆記法の違い

災害におけるヒーリング効果の研究は、カウンセリングを中心にした精神医学を筆頭に成果が著しい。しかし、ここで少し疑問を呈してみたい。災害の現場でみていると、カウンセリングには行かないか、回避する動きがみられる。厳しい意見では、「(精神科医によって) 安定剤などが処方されるばかりで、亡くなった家族は帰ってこず、こころと体とが

バラバラになりバランスがとれなくなって、カウンセリングをやめた」
という人もいる。

　もちろん、「こころのケアチーム」として東日本大震災の現場に入っ
た医療現場の専門家からも、精神科医療や薬の投薬といった「処方薬以
外の処方箋」で、その人の生き方を失わないことを傾聴から促進しよう
という動きもある（森川 2011）。

　ただ、傾聴を含めたカウンセリングなどのナラティブ（語りや発話）
と、今回採用した記録筆記法が異なるのは、文章を書き手自身が推敲し、
幾度も原稿を見直すことで、災害状況をより客観的にみる目を身につけ
る点にある。これは災害特有というより、むしろ広くあてはめることが
できるもので、人が何かの出来事に動揺した際に、異なる視点から物事
をみる能力が有益であるという知見が、言語学研究からも導かれている
（Campbell and Pennebaker 2003）。

　遺族にはカウンセリングに行く以前に、心理療法に対する誤解も含め
て、忌避感がある。カウンセリングのイメージには、治療の意味で病気
として何か医学的に治癒されるという思いがある。もちろん、現在の心
理療法はケアの意味としてクライエントに寄り添うことに、傾注してい
る状況にある。

　しかし、被災者遺族の典型的な感情は、「前に進めないのは、この痛
みを（カウセリングに行って）治してしまったら、その悲しみも苦しみ
も消えてしまうんじゃないかという気持ちがある。でも私がすっきりし
たら、お父さんを忘れてしまうことになるじゃないですか。（この痛み
を）消したいし逃れたい、そうならなきゃいけないってわかっているけ
ども、それが罪悪感になったりするので前に進めない」というもので
あった。つまり、自分がカウンセリングを受けて楽になることは予想で
きるが、そうなることによって、大切な人の記憶までなくなってしまう

のではないかという、罪や罰に似た感情を抱いているのである。

　被災者遺族がもつこころの痛みは、消し去るべきものではなく、むしろ抱き続けるべき大切な感情である。死者を置き去りにして自分だけが救われるような解決策に対して、被災者遺族は強い"抵抗"を感じる。そうではなく、肉親の死の「痛みを温存した」方法が、記録筆記法の手法であった。

　仮に肉親を忘れる方策をとれば、楽になって日常生活を送れる。だが、それは罪悪感をもたらす。他方、肉親への思いを重視すれば、日常生活に重大な支障をきたす。カウンセリングを受ける以前の問題として、楽になりたいという自己と、自分だけが楽になってはいけないという、自己の相矛盾する両義的な感情を抱く被災者遺族にとって、カウンセリング（間違ったものも含む）が示唆する治療イメージは、必ずしも有効とは限らない。

　それに対して、遺族の相反する感情を架橋するのに一役買っているのが、「痛みを温存しながら書き綴る」という記録筆記法である。第三者であるカウンセラーの眼前での、自己開示の禁欲とそれを治癒されてしまうという cure への不信に対して、記録筆記法は敷居を格段に下げる。「いつでもこの本（記録）を開けたら家族が生きている」「本の中だったら（息子が）生き続けることができる」という拠りどころは、相反する感情を解決する有効な手法のひとつとなる。

　記録筆記法に取り組んだある遺族は、次のように自分が記録を書いたことについて振り返っている。

　震災から時間が経ち、世間が日常に戻っていく中で、私は「あの、あまりにも苦しく悲しかった震災後の日々のことを、自分は絶対に忘れてはいけない」という一種の強迫観念のような思いと、それでも薄れて

いってしまう自分の記憶や感情の狭間で、とても重苦しい葛藤を感じていた。記憶と正面から向かい合って、再び痛いほどの悲しみに引き込まれるのがこわくて、いろんなものを心の底に押しこめて、目をそらして放置していたような状態だった。それでも今回、苦しみながらも、しっかり記憶と向き合い、それらを自分の身体の外に、文字として出して、文章として保管することで、いつでも見返して思い出せる形にすることが出来た。もう、震災のことを忘れてわからなくなってしまうことはないんだ、と思ったら、何だかほっと安心して、ぎゅうっと固まっていた心がほぐれていくような気がした。被災者としての責任感から、どこか解放されたような心持ちだった。（鈴木志帆「灯りの見えない未来─ねじれていった心」金菱清『震災メメントモリ─第二の津波に抗して』）

　残された生者が死者となった肉親を心配し愛したことを、刻みつけておく「メメントモリ（死を想う）」である。調査者としては、想定していなかったことであるが、記録筆記法は自らが向き合うことで、亡くなった家族との関係性の再接続に寄与する。震災において生を中断せざるをえなくなかった人びとへの想いを書き留めておく記録筆記法を、「震災メメントモリ」と一般命題化しておく。

5.　震災メメントモリ─死者との回路をつなぐ

　記録筆記法からみえてきた痛み温存法は、災害において調査の限界があるがゆえに偶発的にとった方法が、災害現場の新たなステージとカウンセリングとは異なる次元のアプローチの地平を切り拓いたともいえる。
　『魂にふれる』という本のなかで若松英輔は、死者に触れることなく震災の問題解決を求めることは、問題の大きな一側面を見失うことになると述べている（若松 2012）。彼は「協同する不可視な「隣人」」とい

う言葉を用い、死者と共存することは、思い出を忘れないように過ごすのではなく、その人物と共に今を生きるということを提起する。明るい部屋にわたしたちはいるが、すぐ隣の部屋は暗くて見えない。ところが、暗い部屋にいる死者はいつも生者が見えているというたとえがある。死者は目には見えないが、見えないことが悲しみを媒介にして、実在をよりいっそう強くわたしたちに感じさせる、という言明は、死を彼岸に追いやる現代の風潮に抗して、肉親を突然亡くした人びとの感覚と重なる。

　津波で長男を亡くした男性は、実際に書きながら息子があたかも傍^{そば}にいるように実感したという。「(『3.11慟哭の記録』に) 書くことでなにか息子と約束を果たしたような気持ちで、息子が傍にいて、一緒にパソコンに向かっていました」と話す。ひとりきりの部屋で静かに記録を書くが、それは亡くなった息子と共に語りあう時間でもあった。そして、「いつでも本を開ければ息子と向きあうことができる」と、何度も読み返していることも、この記録筆記法の大きな特徴である。

　記録筆記法は、5W1Hとして震災の記録を採ること以外、文字数も含めて一切の制限を設けなかったために、その自由度が逆に被災者や遺族のこころをありのままに映し出すことになったといえる。当事者にとって記録筆記法は目的ではなく、これを手段として亡くなった肉親と共にいるリアリティを手に入れる、あるいは大切な肉親との関係性の意味づけに用いられていたのである。どのように用いたのかを遡及的に調べることによって、死者との向き合い方がみえてくる。それは死者との回路をつなぐ営みでもあるだろう。これは従来のこころの問題の処方のあり方と、どのように異なるのだろうか。

　西洋のフロイト由来のカウンセリング、そしてそれを導入し採用した日本では、一般的にカウンセラーの前でクライエントが語る。こころの問題は、理論的深化を経つつも、「前額法^{ぜんがくほう}や自由連想法も、基本的には

言語の連想の糸を辿って意識から隠された過去の外傷的歴史を遡ること
を主眼としている、談話療法と本質的に異ならない」（佐々木 2014：
238）。すなわち、クライエントに外傷としての病理に至る形成史をとも
に発見し、意識化させることで納得させる方法が依然として主流なので
ある。

　それに対して、記録筆記法の場合、誰もいない場所で被災者がひとり
静かに書く作業を必要とする。しかし、ここで彼ら彼女らは、亡くなっ
た息子と一緒に書いたというように必ずしもひとりではない。書くこと
は単に辛いだけの作業ではなく、「幸福な時間」でもあったのである。
亡くした肉親と共に行う協同作業として、被災者自身が位置づけている
場合もある。言葉で書くことは、死者との応答の場をつくり出す効果も
もっていた。この死者との応答の場所の置場に、震災メメントモリとし
ての記録筆記法が切り拓いた地平がある。

　震災メメントモリという記録筆記法は、単に生者への効果の側面だけ
ではなく、今後、行方不明の彷徨える魂である生ける死者と、残された
生者の家族とをつなぐ可能性も開かれているだろうということを、理論
と実践の現場から報告しておきたい。

参考文献

Campbell, R.s., and J.W. Pennebaker, 2003, The secret life of pronouns: Flexibility in writing style and physical health, Psychological Science 14:60-5.
藤森和美・立男、1995、『心のケアと災害心理学—悲しみを癒すために』芸文社
岩井圭司、2012、「心の復興と心のケア」藤森立男・矢守克也編『復興と支援の災害心理学—大震災から「なに」を学ぶか』福村出版：30-41
加藤寛、1999、「「こころのケア」の四年間—残されている問題」こころのケアセンター編『災害とトラウマ』みすず書房：151-172

金菱清、2017、「記録筆記法による「痛み温存」と震災メメントモリ―東日本大震災の被災者はなぜカウンセリングに行かないのか」鳥越晧之・金子勇編『現場から創る社会学理論―思考と方法』ミネルヴァ書房：101-122

金菱清、2016、「心のケア―痛みを取り除かずに温存する」『震災学入門―死生観からの社会構想』筑摩書房：45-72

金菱清、2014、「震災メメントモリ―痛みを温存する「記録筆記法」と死者をむすぶ回路」『震災メメントモリ―第二の津波に抗して』新曜社：161-183

金菱清編・東北学院大学震災の記録プロジェクト編、2012、『3.11慟哭の記録―71人が体感した大津波・原発・巨大地震』新曜社

宮地尚子、2011、『震災トラウマと復興ストレス』岩波ブックレット815

森川すいめい、2011、「被災地で「どうして生きなきゃならないのか」と問われた時」斎藤環編『imago』現代思想臨時増刊号、青土社：67-73

佐々木俊三、2014、「世紀末ヨーロッパと全体主義」『随筆と語り　遠来の跫音』荒蝦夷：189-275

田辺元、2010、「メメント モリ」藤田正勝編『死の哲学』岩波文庫：11-29

内田樹、2004、『死と身体―コミュニケーションの磁場』医学書院

若松英輔、2012、『魂にふれる―大震災と、生きている死者』トランスビュー

柳田邦男、1995、『犠牲（サクリファイス）―わが息子・脳死の11日』文春文庫

9 疑似喪失体験

《目標＆ポイント》 疑似喪失体験は、語り部×死生学のコラボプログラムである。震災から月日がたち、当然のことながら直接体験していない人が現実に出てくる。そのとき、あのときこうしたという体験はなかなか実感をともなわないものになる可能性もある。そこで、疑似喪失体験プログラムでは、他人事になってしまう（可能性のある）災害を「わがごと（自分事）」として、実感をともなったものにアレンジした、防災減災の新しい展開が期待される試みである。

　参加した人に４種類の色の異なる色紙を３枚ずつ、計12枚を用意する。それぞれの色紙に自分にとって大切なものを書き込んでもらう。「形のある大切なもの」「大切な思い出」「将来の夢・目標（やってみたいこと）」「大切な人」の４種類である。それを語り部の話に合わせて、破いていく作業を繰り返す。そのなかで、何を切るのか、何を残すのかは本人自身が決める。そして破いていくごとに、リアルに災害で亡くなるとはどういうことかということを、疑似的に体感することになる。

《キーワード》 疑似喪失体験、わがこと（自分事）にする、すぐそばにある幸せ

1. 震災を「わがこと（自分事）」にするために

　震災のことについて考えるとき、それを体験した者と体験していない者とのあいだには、あまりにも大きな溝が存在する。それは、「わたしたち経験したものにしかわからないわ」と、現場の当事者が諦めにも似た言葉で口を噤んでしまうことがしばしばある。

　もうひとつは、被災地にある大学であっても5年以上の歳月を経ると、当初の「生々しい」感覚が失われつつある点である。新入生は、直接的な経験をしたことがない、あるいは記憶にはない学生も被災地に生まれ始めている。次世代への災害の教訓をどのように継承していくのかという、実践的な課題を含み始めている時期だからである。

　つまり、災害を発信する側にもそれを受けとる側にも、伝わりにくい構造ができ上がりつつある。この伝わりにくい構造に抗ってあえてわかり合うためには、どのようにすればいいのだろうか、という実践についてこの章では考えてみたい。

　まず、震災の遺族から次のようなつぶやきが発せられた。毎年4月以降は震災の語り部の伝承活動が少なくなるので、話す機会がめっきり減るということをSNS上で交わしていた。震災の起こった3月11日までは冬休みや震災への関心の高まりからひっきりなしに依頼を受ける。ところが、4月以降は打って変わって尻つぼみになるのと、新年度のため仕事や学校の関係で聞く機会は物理的にも少なくなる。そこで5月に語り部さんに来校してもらって震災当時の語り部をしてもらうことになった。

　しかし、ふとそこで疑問が沸いてきた。聞く側にとってはそのときは真剣に耳を傾けるかもしれないが、時間を経れば災害が「他人事」になりはしないかという疑問である。一方的に語り部が話して、それをこれまた一方的に聞いていることは、印象に強く残りにくい側面も一部ある。そこで少し考えながら、ふと思いついたのが、筆者が20年以上も前に大学で受けた授業だった。今でも忘れられない記憶として残っており、それをこの語り部に合わせてアレンジすれば、他人事から「わがこと（自分事）」へと震災の出来事が、深くこころに浸潤するのではないかということを思い浮かべた。

　20年以上前に受けたものは、「死生学」という授業でこの専門の第一人者である藤井美和先生（関西学院大学）が、アメリカでのものを実践したのである。このときは末期の癌患者の日記を読み進めながら、目の前の大切なものを失っていき、その患者さんの内面が場面を進むにしたがってリンクしていくという内容であった。その内容を思い出しながら、この日記を実際の伝承活動の言葉に載せて時系列順に大切なものを失う過程に再編した。

2. 12枚の大切なものとのお別れ―疑似喪失体験

　まず、始めるに当たって、４種類の色の異なる色紙３枚ずつ計12枚を手元に用意してほしい（なければ白紙でも可）。それぞれの色紙に自分にとって大切なものを書き込んでもらう。その４つは図９‐１のように、ここでは「形のある大切なもの」（例：水色）、「大切な思い出」（例：黄色）、「将来の夢・目標（やってみたいこと）」（例：薄緑色）、「大切な人」（例：ピンク）の４種類である。それぞれ時間を少しかけながら、他人にとってではなく、〝自分にとっての〟大切な何かに思いを巡らせながら、順に３枚のカードにペンで書き込んでいく。

　大切な何かを「表」に書き込み、その「裏」にはなぜそれが自分にとって大切なのかについての理由を書いてもらう。これは受講生おのおのによって異なるので、たとえば、形のある大切なものであれば、表にぬいぐるみと書いて、裏に幼い時から一緒にいるからと書き込む。それを１枚につき１つ、３枚に３つの形のある大切なものを書き込んでいく。

　次に大切な思い出には、たとえば、家族みんなでディズニーランドに行ったと書き込んだら、その裏にはみんな笑顔で楽しかったとその理由を書く。それを３枚にそれぞれ別の大切な思い出が並ぶことになる。

　３番目の将来の夢・目標には、たとえば、英語でスピーチをしたいと

154

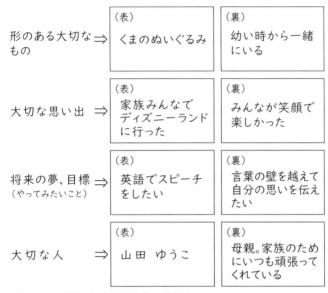

図9-1　疑似喪失体験プログラム

写真9-1　4枚の紙に大切なものを書いていく（2017年福島
　　　　　県の高校）

書いて、裏には言葉の壁を越えて自分の思いを伝えたいとその理由を書き、３枚の目標や夢が書かれる。

　最後に大切な人は、たとえば、自分の母親を上げるときには、できるだけ固有名詞山田花子みたいなかたちで書く。家族といった一括りでまとめることは避けて、１枚のカード（紙）につきひとりの大切な人を書いて、その裏には、他の色紙と同様に、家族のためにいつも頑張ってくれているという理由やその人に対する思いを、それぞれ３枚書いてみよう。

　12枚書けたら、すべて表側に向けて上から順に水色３枚を横に、黄色３枚、薄緑色３枚、下にピンク３枚を並べて計12枚が並べ終わる。それ以外はペンも含めて必要ないので、机の上にはこの12枚の色紙だけにしておく。（時間の関係上、放送ではそのまま流れるが、録画か何かにとって一時停止するか、再放送までにこの作業を終えていることが望ましい。この作業は、１枚に平均して20分も時間を要してしまうことから考えても、すらっと書けるというよりも１枚１枚向き合って意識化されることがわかる。）

　そこから、語り部（命のかたりべ）の髙橋匡美(きょうみ)さんに話をはじめてもらう。匡美さんは、震災の語り部としては、後発組にあたる。わたしが彼女に強く興味をもったのは、震災報道に強い違和感を抱いており、テレビの震災報道を見ては当てつけに物をテレビに向かって投げつけ、「私は被災者ではないのか」という怒りを抱いていたことである。絆という心地の良い言葉とは裏腹に、社会的孤立を深めている人の存在を知った。それを「共感の反作用」と呼んだ（金菱 2016）。物資も報道も研究もボランティアも、すべて「みえやすい」避難所や応急仮設住宅などの集合化された所に、資源や情報が集中する。一方で、彼女の場合、塩釜で地震に遭遇するが、マンションに住んでおり軽微な被害で済んだ

写真9-2　命のかたりべ（語り部）をしている髙橋匡美さん

　のだが、彼女の元には行政やボランティアによる支援が差し伸べられることは一切なかった。

　社会的に孤立し、家からまったく出ることなく、足はパンパンにむくんで靴が履けずに外出することもままならず、食べる・寝る・排泄するといった動物的な行為を、ひたすら繰り返す存在に追い込まれていた。現実を受け入れたくないのと、寝ると夢で母親に会えるのも手伝って、何錠もの睡眠導入剤をワインで流し込むこともあった。これではだめだと思い、ようやくカウンセリングもかねてグリーフケアに出かけて行っても逆効果となった。というのも、ケアの後報道機関が取材にきてインタビューを受けるのは、子供を亡くした親ばかりであった。そのなかで彼女は、ぽつりと社会から取り残されている孤独感を味わって、回復の道も閉ざされた。

　そのようななかで彼女が見出した手段が、人の前で話すということだった。はじめ人前で話すことを躊躇していたのは、彼女よりももっと悲惨な経験をしている人が身近にいるなかで、自分なんかが話してもよいものかという思いだった。インタビューをずっとしていくうちに、最後に匡美さんがようやく絞り出した言葉が、わたしのこころを強く打った。「あのときの辛い体験は、死んだ人の内訳や数ではない。被災した／しないも関係ない。みんなその人の中での MAX（最大のもの）だったの。マスコミ的なフィルターを通しても共感できない」というものだった。

　災害では、事の重大性によって差別化がはかられるが、彼女の言葉はそれを明確に否定していた。つまり彼女は、身内を11人亡くしたり、子供を亡くしたりといって、悲惨だといわれる経験をしていない。それにもかかわらず、それと比べられても何ひとつ、信頼することはできないということを教えてもらった。経験の平等性（その人だけの死）に立って、初めて被災者は固く閉ざした口を開き、語り始めるのである。

　このような経験をした言葉は、語り部として大いなる説得力をもつ。彼女は、「さて、みなさんのふるさとは、どんなところですか？」というスライドを映し出しながら、家を出るときに、「いってきます」「いってらっしゃい」と挨拶をしてきましたか？　ふるさとが遠くにあるよという人は、そこにいる家族や友人とお話ししたのは「最近いつですか？」ということを囁きかけるように聴衆に話しかける。

①　母親との別れの挨拶―地震体験（12枚→8枚）
　仙台でランチを過ごして自宅の最寄り駅で母親と別れたのが、まさか最後になろうとは思わなかったという語りから、「私は、両親が年老いてなくなり、家が空き家になり廃屋になり、更地になり人手に渡ったと

写真9-3　「大切な」紙をちぎっていく

　しても、ふるさとというものは、少しずつかたちを変えたとしても、未来永劫そこにあるものだと思っていました。それらが、ある日突然、めちゃくちゃに壊されて奪い去られてしまう。それが災害なのです」と語りかける。明日がいつものように来て、日常、たとえばふるさとがそこにあり、いつものように大切な人がそこに存在する、という当たり前のことが繰り返されることを、プチっと断ち切られることが現実に起こりうることを明示する。

　ここで、目を閉じ、大きく深呼吸をした後、目を開けて「今、目の前にある大切な人やものとお別れをしなければなりません。色ごとに1枚ずつ計4枚を断腸の思いで破らなければなりません。それを決めてください」と告げられ、水色・黄色・薄緑色・ピンクの色紙をそれぞれ1枚ずつ破る。

②　塩釜での津波被害—実家と連絡が取れない（8枚→4枚）

　髙橋さんの話は3.11の当日を起点に始まる。当時塩釜の自宅マンションにいた彼女は、地震の揺れにあって低い津波の浸水はあったものの、特に、被害といえるものはなかった。しかし、父母がいる石巻の実家とは連絡は依然として取れなかった。駅前の背丈ほど津波の跡が残る公衆電話ボックスに入る。不通で連絡も取れるはずもないが、平常心がマヒしている状態であるのでかけてしまう。被災地であれば誰しもが地震と津波を経験したそのシーンが淡々と語られていく。

　そこで2回目の紙を破るシーンが入る。再び大きく深呼吸してこころを落ち着け、目の前のものに向き合う時間が訪れる。そして、同様に大切なものを計4枚今度は1枚ずつ紙をくしゃくしゃに丸めて遠くに投げ捨てる。ということは、ここで残った紙はそれぞれの種類の大切なカラーの用紙が4枚になる。

③　石巻に向かう—ああいうのば、地獄っていうんだっちゃねえ（4枚
　→2枚）

　匡美さんは、震災から3日経った14日になり実家がある石巻に向けて車で向かい始める。ともかく車で近づけるところまで走ったが、海からも川からも遠い石巻の内陸部まで、あちこち冠水していて、ボートや、大きなマットに乗せられた人が、腰まで水に浸かった自衛隊の人にひっぱられて移動していた。車を乗り捨て、線路の上を歩き実家を目指すことになった。反対側から来た人に尋ねてみるが、みんな無言で、首や手を振るだけで誰も自分たちが知りたいことに答えてはくれない。

　そのなかで、年配のご夫婦が足を止めて、「あんだだぢ、今から（実家のある）南浜町にいぐの？　私たち今見できたんだでば！　ああいう

のば、地獄って、いうんだっちゃねえ…」という予想もしないことをいわれる。「え？　じごく？　ってどういうこと⁉」と口を噤んでしまう。けれども、確かに家や船がぷかぷか周りで浮かんでいるものの、「地獄なんておおげさなんじゃない…？」とも思った。

　不安が募るなか歩みを速め、石巻の小高い日和山に裏側からようやく登り、海に向かう坂道を下りはじめ海の景色を望もうとしたとたん、息を飲んで立ち竦んでしまった。本来なら山のふもとから海まで、閑静な住宅街が続くはずのその場所が、泥と砂に埋もれ、家や車が押しつぶされ、ひねりつぶされ、大きな力でかき混ぜられ、３日３晩続いたという火災と爆発で焼き尽くされ、自分が立っている坂道の途中まで、車や家の瓦礫などが幾重にも重なり合っていたのである。

　もわっ〜と熱く焦げ臭い匂いがあたりに充満し、３日経っていてもあちらこちらで煙がたちのぼっていた。自分が見ているものが普段見聞きしている現実だとは到底理解できなかった。そして、何よりもその光景をどうしても受け入れられなかった。

　ガタガタと自然と震えてくる体を、いくら抑えてもとめることはできなかった。歯をぐいっと食いしばっても、ガチガチと歯音をたてる口元も自分の意識で抑えられなかった。それほど今、目の前に拡がっている現実が恐ろしかった。そばにいた高校生の息子が、ぽつりと「ねえママ、これって、、、戦争のあと？」と表現せざるを得ないほどに、それは壮絶な光景だったのである。

　遠くの海にほど近いところに、建物が残っている一角が目に入った。普段は建物が入り組んでいて見えないが、まぎれもなく彼女の実家であった。いつも母が、「万が一、ここに津波が来たら、私はお父さんをつれて２階に逃げるので精一杯だわ」といっていたことを思い出す。きっとあそこで助けを待っているに違いないということが頭から離れな

かった。

　一目散に形振り構わずかなた先に見通せる実家の方へ急いだ。靴底が
あまりの高温でベロンと溶けそうな瓦礫のなかを、地元の人の制止を振
り切り突進するかのように歩を進めることになった。

　ここで3回目の破る瞬間がやってくる。深呼吸という一連の儀式を繰
り返す。4枚の紙から今度は、半分の2枚を選んで破らなければならな
い。災害は自分で選ぶことができない。もしペアがいれば、相手に真ん
中にある黄色と薄緑色の紙を奪い取ってもらう（いない場合はその2色
をとる）。そしてその2色の紙を重ね合わせて同時に破り捨てよう。

④　最愛の母親と父親の死（2枚→？枚）

　やっとの思いで匡美さんがたどり着いた実家は、外観はかろうじて周
りの惨状に比して奇跡的に残っていた。実家の被災後の写真が映し出さ
れる。ブロック塀がなくなり、立ち並んでいた家並みが、根こそぎなく
なっていた。台所には横倒しになった冷蔵庫があり、ついさっきまで生
活していた痕跡があった。食べかけのおかずや切った漬物をお皿に盛り
つけたものにラップがかけてあったり、煮物や、おひたしが、保存容器
に入っていたり、冷蔵庫には冷凍されていた魚がひっくり返っていたり
していた。

　唖然としながらも、とにかく2階へ駆け上がり、おそるおそるドアを
開けてみると、そこに父親と母親の姿はなかった。しかし、たとえここ
に逃げ込んでいたとしても、助かっている見込みは少ないと痛感せざる
を得なかった。それは、天井から20cmくらいのところに津波の跡が見
えていたからだった。しかし、なぜかベッドの上の布団はほとんど濡れ
ていなかった。おそらくベッドごと津波の力によって持ち上がったこと

が推察された。

　近所の人とどこかに避難しているかと思って、自分を無理やり納得させるかのように家を出ようとしたとき、息子に呼び止められた。もう一度1階の奥を見てこようと諭されたのである。一度は見たのでいないからということだったが、息子の言葉に導かれるように、玄関からまっすぐ廊下を進み、突き当たりをトイレやお風呂に通じる角を左側に曲がった。すると、その足元に自分の母親が小さくうつぶせになって倒れていた。お茶目で明るくて、美人で自慢の大好きな母が、まるでボロ雑巾のようになってそこに倒れていたのであった。

　うつぶせに倒れている母親を仰向けに寝かせると、顔も髪も泥と砂だらけだった。水もそこにはないので、手持ちのお茶で母の顔の砂と泥をそっと洗い流してみると、まるで眠っているかのような穏やかな顔で、ピンクの頬や唇で今にもおしゃべりをはじめそうであったが、あまりにも冷たく二度と目を開けてはくれなかった。

　父親を発見したのは、しばらく経った3月26日であった。遺体安置所の身元不明の写真の一覧のなかからだった。しかし、遺体安置所に通っているうちに、父親を探すために来ているのに、この一覧のなかに父がいなければいいな、と思うようになってきた。なぜなら、日を追うごとに遺体の損傷が激しくなり、悲惨さを増していたからであった。

　係の人に手招きされて向かうと眼前の遺体は、父にはどうしても見えなかった。ニコニコと微笑みかける優しい父親しか記憶にないため、目の前に横たわっている、砂塗れの裸体で、顔の乾燥が進み赤黒く変色している蝋人形のような顔の老人が、自分の父親だとはわからなかったし、また思いたくもなかった。

　他の人を父親といえば大変なことになるので、腰を落としてガタガタと震える手でいろいろと触ってみた。父の指は細長くてとてもきれいで、

息子と似た指をしていた。そして、左足の 踝 に見覚えがある傷跡が
あった。その 2 点を確かめて、「これは父に間違いございません」と告
げるしかなかった。身元不明の遺体のために足の親指の爪が一枚剥がさ
れて、そこにうっすらと滲んだ血の赤さのみが、父が確かに生きていた
のだということをかすかに告げているかのようであった。

　音楽が流れると、 2 枚のなかから 1 枚を選択して破ってもらう。そし
て手元に残ったものはたった 1 枚の色紙のみである。けれども、わたし
はその最後の 1 枚をも破らせることに決めた。それは、災害というもの
はありとあらゆるものを失う事象であるので、その最後に残ったあるい
は残した大切な何かさえ失うことに重ね合わせることにした。それまで
の破らせ方と異なり、掌に最後の 1 枚をぎゅーっと握らせもう一方の手
を包み込むように抱擁する。そのうえで少し長めの詩の朗読をして、時
間を共有させたうえで一気にできるだけ細かく切る。

3.　疑似的に大切なものを失うということ

　通常この疑似喪失体験プログラムを実施すると、会場がしーんと静ま
り返りすすり泣く声だけが響き渡る。会場の外で人目をはばからずむせ
び泣く女の子も出てきた。ある子は、切った紙と同じ色の紙をもう一度
要望し、そこに目の前から消えてしまった大切な人の名前を書き込んで、
何とか復元しようと試みていた。それだけ紙を切る行為は、自分の手で
消してしまうという背徳的な罪にも似たものに感じる。単なる紙切れで
はなくなり、リアルな喪失にもなりうる。

　またある女子学生にとって、授業を行った日は妹が修学旅行に行って
いた日でもあった。「正直、最初のほうはただ紙を破いているという感
覚でしかなかった。この過程を何度か行い、最後の 2 枚が残るときには

なんともいえない気持ちがこみ上げてきた」という。彼女は、東日本大震災の体験者ではあるが、家族や親戚、友人を誰ひとりとして亡くしていなかった。震災関連のテレビで、家族や親戚、友人を亡くした方の話が放送されるのを見ていても「すごく悲しい思いをしているのだろうな」とは思っていたが、大切な人を突然亡くすという感覚はよくわからずにいた。そのなかで、最後の１枚である"妹"と書かれた紙を、破るときには涙があふれて止まらなかった。疑似喪失体験をした次の日に、妹は修学旅行から帰ってきてくれた。妹の前ではさすがに恥ずかしくて平然を装っていたが、内心は無事帰ってきてくれてとても嬉しく、ホッとした心境を述懐してくれた。

　災害における実際の体験とこの疑似喪失体験の違いは、前者が失うものを選ぶことが困難な状況に追い込まれるのに対して、後者は、自分で選びとることで、痛みがより内面との関係性で深く刻み込まれることである。語り部の話により、深く向き合うことにつながったという体験者もいた。また、語り手自身も一方的に話すことと疑似喪失体験をしながら語る違いについて、聞くだけでは、聞き終わった時点での浸透や共感の様子が60くらいで、そこから時間経過とともにどんどん薄れるのに対して、疑似喪失体験型の方は、聞き終わった後の衝撃やインパクトは90くらいあるのではないかと肌実感として感じとっている。

4. 最後の１枚

　掌に強く握りしめられた最後の大切な１枚とは何だったんだろう。聞いてみると、参加者の実に５割を超える学生が母親をあげた。それに対して父親は１割ほどである。兄弟姉妹・親戚の14％にも及ばない。その他もあったが、圧倒的に母親が占めているという結果が意味するものは何か。

写真 9 - 4　最後に残された母親

　理由は、たとえば、「精神的にも生きていくための支えになる人。生
み、育ててくれた人であり、一番共に生きてきた人だから」(女性)、
「お母さんが一番自分をよく育ててくれた気がする。お母さんがいるこ
とでなんだか安心する気がするから」(女性)、「自分にとっての優先順
位を考えたら最後まで残ったのが母親だった。ずっと世話してくれたの
が母親だったし、一番頼りになる存在だから」(男性) などである。
もっとも、この割合がくっきりと出てくるのは、体験者は学生だからで
ある。これが社会人の場合は、これに妻や夫、息子や娘、孫が入ってき
てより複雑になる。

　母親が占める理由は、誕生との関係からいえば、彼らにとっていつか
ら「人間」として存在するのかという問いにも重なる。この最後の1枚
の存在は、わたしたちが普段はそれとわからないが何を核心に据えて生
きているのか、そして、亡くなった後もどのようにつながり続けるのか

という、人間のあり方そのものをわたしたちに教えてくれている。

　たとえば、授業のなかでは、あえて人間の定義をしないまま、いつ「人間」になるのか、それをまず選択肢で答えてもらい、理由も合わせて尋ねた。受精時、妊娠8週目（頭部や手足＋心音）、妊娠12週目（必要な器官を備える）、妊娠22週目（NICUでの生存ライン）、誕生時、医師による出生証明書発行時、親による出生届提出時である。すると男女でくっきり分かれた。男性の場合は、「誕生時」が34％を占めた。他方、女性の場合は、「妊娠8週目」が45％で「受精時」の20％を合わせると7割近くにも到達した。

　つまり男性の多くの場合、誕生時以前は「人間」として認知していないということもいえる。理由をみると誕生前は人間になる「準備段階」という表現を使って、どちらかといえば、第三者からも人間として認識されるなど、社会的動物を「人間」として重ね合わせる傾向が強く表れた。

　それに対して、女子学生は、妊娠8週目を選んだ理由を、「まだ直接目には見えていないが赤ちゃんがひとつの命として接している時点で人間だと思う」や「個人的な感覚だが、形がでてくると情が湧く、情が湧くのは人間だと思っているから」というように、社会的認知というよりも、生命の神秘に重ねて「人間」を捉えていることが明らかな差となって表れてきた。

　奇しくも表れた男女の差が何を意味するのかを考えると興味深い。女子学生はまだ19、20歳であるので、ほぼ妊娠の経験がない。それにもかかわらず、実体験の前に女性がこのように考えているということは、実際に妊娠の経験をした際にはさらに強い実感となって表れるだろう。

　それに比して、体験の外側にいる男性は誕生までは生命体を「人間」として認識していない傾向にあるので、人工妊娠中絶などに対する態度

表明は女性と当然異なってくる。

わたしたちはどこまでを「人間」として受け入れるのだろうか？　そしてどこからが人間でなくなるのだろうか？

参考文献

金菱清、2018、「最後に握りしめた一枚を破るとき―疑似喪失体験プログラムとアクティブ・エスノグラフィ」金菱清（ゼミナール）編『霊性に抱かれて―魂といのちの生かされ方』新曜社：143-171

金菱清、2017、「最後に握りしめた一枚をめぐるアクティブ・エスノグラフィ」『現代思想（特集：エスノグラフィ―質的調査の現在）』vol.45-20：194-205

金菱清、2016、「共感の反作用―被災者の社会的孤立と平等の死」金菱清（ゼミナール）編『呼び覚まされる霊性の震災学―3.11生と死のはざまで』新曜社：85-100

下島裕美・蒲生忍、2009、「医療倫理と教育（2）五色カード法による死にゆく過程の疑似体験（Guided Death Experience）」『杏林医会誌』40巻1号：2-7

10 | 亡き人への手紙

《**目標＆ポイント**》 亡き人に手紙をつづることは、どのような意味があるのだろう。現場の当事者は、こんなことを話すべきではない、書くべきではないというかたちで、感情を抑圧している場合がある。いわゆる沈黙状態である。それを二人称という亡き人に対して「手紙」というかたちで書き記してもらった。ライティング・ヒストリーとは、当事者のなかですら伏せられた無意識（抑圧）に対して、そこにある以上の事実を、調査者の介在を必要としながらもそれを無効にし、当事者が自らの手で意味のある「歴史」として、刻むことができる新たな実践である。

　予め書かれたものがありそれを分析するというような、書かれた文章資料主義的なものではなく、書こうとする意思に重点を置く。ライティング・ヒストリーは、自分でもわけもわからず混乱していた感情を、自分のなかで租借しながらなんとかそれを理解可能なものへと導いてくれる。そのことで、これまで歴史のなかで沈黙を強いられてきた問題が、何であるのかを明らかにする試みである。

《**キーワード**》 ライティング・ヒストリー、沈黙、手紙、想像の死者

1. 手紙プロジェクト

　2012年3月に出版した『3.11慟哭の記録』（新曜社）を世に送り出したことは既に述べた。当事者の手記というかたちで、災害という事象についてひたすら「経験」としての言葉を書きつづったものである。それから5年後にわたしたちは、「亡き人への手紙プロジェクト」を立ち上げた。同じ言葉でも、これほどの違いがあるのかと思わせるほど、異な

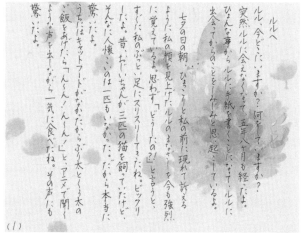

**写真10-1　息子さんへつづられた手紙はアニメの便箋　愛するペットへの
手紙**（いずれも『悲愛』に所収）

る世界観を開示したといえるかもしれない。

　前回は災害の体験を一人ひとりの身の丈にあった小さな出来事として、一人称で書きつづった記録である。それに対して、今回の手紙というものは、いずれも愛するものへの「呼びかけ」から始まる。

　手紙を寄せていただいたなかに、震災の現地で語り部をしている人がいる。その語りには、あるストーリーがあって、聞き手の感情に訴えかけ、震災を経験していない参加者はしばし災害について思いを馳せる。その女性が今回の手紙の寄稿を積極的に周りに勧めてくれた一方で、自らはすぐに筆を進めることができないままだった。

　語ることと書きつづることの間には、決定的な差異があるのかもしれない。なぜなら、話しかける相手が亡き人になり、向き合い方にしばし戸惑うことになるからである。その女性の手紙の冒頭には、人は亡くなったら無になるけれど、こころは魂はどこへと、まるでそこにいるかのように、伝えたい想いが優しく語りかけてくる。それは一体なぜなのだろう。

　言葉を受け取る相手は二人称（あなた）であり、第三者である見ず知らずの読者ではない。しかし、わたしたちがこれらの手紙を読んで気づかされることは、私事（プライベート）の出来事を書きつづった手紙であるのに、まるで二人称である亡き人の立場になりそれらの言葉を受け取ったり、その人自身に感情移入してしまうことである。いつのまにか「寄り添う」ことを超えた立場の境界の氷解が起こっている。

　世間では復興が日々叫ばれている。けれども、復興が取り戻せる何かだとした場合、二度とこの手に取り戻すことができない何かと向き合うことは、行政が示すような復興とはまったく異なる。手紙を拝読して思った正直な感想である。そしてこの手紙には、わたしたちが震災で見過ごしてきた大切なことが、切々と失われたものに語りかけられている。

　震災から長い月日が経とうとしている。果たして歳月は人を癒したのだろうか？　一般的に歳月を重ねる程、災害当初に受けた傷は軽減されうると思われている。だからこそ「当事者に寄り添う」第三者の言葉が震災直後に過剰に寄せられる。しかし、今回あっさりそれを裏切ってくれる現実に出くわすことになった。

2.　想像の死者へ

　わたしたちは一冊の本を世に送り出した。『悲愛─あの日のあなたへ手紙をつづる』（新曜社）という本である。前回の『3.11慟哭の記録』以降は、聞き書きの手法でフィールドワークを続けていたのだが、『悲

写真10-2　亡き人への手紙がつづ
　　　　　られた『悲愛』

愛』は調査した2016年が震災から５年という節目の年でもあり、遺族に亡くなった家族に対して手紙をつづってもらうという手法を取った。

　日常的にやりとりする手紙は私的な事柄がつづられ、著名人でもない限り、第三者からみれば興味の薄い内容が少なくない。しかし、『悲愛』に収録されている内容は、死者への手紙という特異性を持っている。そして、その手紙には、震災により突然、目の前から姿を消してしまった大切な家族に対する想いがつづられている。遺族が伝えたくてたまらないことが凝縮され、結晶化された内容となっている。

　そして、その手紙の多くに亡くなった方との夢の話がつづられていた。遺族が書く手紙には冗舌な部分はあるかもしれないが、必要不可欠なことしか書かれていない。わたしたちは、亡き人との夢について、意味を考えざるを得なかった。対象はすべて物質的にはそこには存在しない「想像上の死者」である。

　この手紙プロジェクトを組むときに、一番困ったことは、実際のところどのような内容が出てくるのか、正直わからなかった点である。だからこそ、遺族の方などから手紙を受け取ったときは、拝読して正直ショックを受けた。これまでわたしたちは多くの方にインタビューを重ねて、じっくり当事者の声に耳を傾けてきたつもりだったが、一体それは何だったのだろうと考えざるを得なかったということと、この手紙を読んだときのこころ揺さぶられる気持ちは何かと思うようになった。たとえば、次のような手紙の一部を紹介する。

　おはよう、パパ
　声には出さずに天井を見る。
　朝、アラームが鳴る前に目をさますようになったのは、最愛の夫であるあなたを失ってから。

　私は、一気に歳をとってしまったような気がするよ。

　ゆっくりスマホに手をのばしながらあなたを思うと、少しだけ、涙で目がうるむ。

　毎朝そこから一日が始まる。

　目がさめて、となりにあなたがいない現実を思い知る、朝が一番つらい時間。

（中略）

　平日だったので、娘は会社に行かせていた。孤独だ、と思った。

　玄関に立ったまま頭の中が白く霞んだ。そうしたら、ふいに、口から笑い声が出た。仏壇の前に行き、座りこんでなぜだかしばらく笑いが止まらなくなった。

　まったく可笑しくなんてないし、笑いたくなんてないのに。涙を流しながら、自分で止められない笑いがとても怖かった。

　　　　　　　　　『悲愛—あの日のあなたへ手紙をつづる』より一部抜粋」

　この手紙集を読み進めていたとき一番驚いたのは、これまでわたしは約20年間聞き取り（インタビュー）の手段を用いて対象に迫ってきたが、たとえば冒頭にあるような本人が最も辛いシーンに対して、どのようにすれば聞き取ることができたのだろうかと、立ち止まって考えざるを得なかったということである。

　聞き取りは、いくら双方向の創造的コミュニケーションの産物であったとしても、いかに聞き取る側の意図に暗黙の裡に絡み取られるのかということがみえてきた。光を当てる分だけ、その人がほんとうにいいたいことや大切なことは影の部分となって、隠れているのではないかと不安を覚えた。だからこそ、長年聞き取ったり会話をしてもみえてこない大切な世界を想定せざるを得ないのである。

　つまり、亡くなった夫の不在の辛さそのものではなく、日常生活に深く、しかもあまりにも底に溶け込んでしまったため、当たり前に送ってきた生活世界を当事者自身が営めなくなっている。眠りから覚めると、震災前の当たり前の日常がほんの一瞬だけ戻ってくるが、すぐに壊された日常が顔を覗かせるという、朝の一場面を伝えてくれているのである。たとえ、それを聞き取りで話を伺ったとしても、スルーされてしまう事象がつづられている。

　後半は、娘を会社に送り出してひとりぽつんと孤独になり、その辛さがある閾値（いきち）を超えてしまうと、笑いがふと込み上げて、しかも声が口をついて当人を驚かせるシーンである。これらは聞き取りでは表出し得ない、震災と日常がリアルに、「亡き人（想像上の死者）への手紙」を通じて辛うじて掬い（すく）取ることができたと気づかされた。

　手紙の中身というのは、私的なことばかりで、第三者からみれば必ずしも大切なものではないかもしれない。ところが、この手紙は生きている人に対してつづられたものではなく、震災以降突然目の前から姿を消してしまった大切なかけがえのない家族に対する想いである。

　それはある種、残された遺族が伝えたくてしかたがないことが、凝縮され、結晶化された内容である。それに近づけていない問題意識は、たとえ何を切り取ったとしても「表面的」なものになってしまう可能性が出てきたのである。

　つまりわたしも含めて、研究者、マスコミ、映像、記録でも、この奥深さで震災というものを、日常生活に溶け込んだものとして描けていないことになる。結果、当然被災者や遺族のなかから、「あなたにいってもわからないし、理解されない」という反応が出てくるのだろう。

3．二人称への語りかけ

　インタビューなどは、第三者へ向けて語られるが、亡き人への手紙は二人称の話者（あなた）へ直接言葉を投げかけられる。手紙は昔からあるシンプルな手段であるが、手紙の特色としては、ある作家は、「手紙。あるいは言葉。書くということ。物語を書いているとき、頭の中と手の先が乖離していて、ほとんど無意識で綴った言葉が、物語を牽引していったり、行き詰まっていた物語に道を示してくれる。自分の意思では手が届かない心の奥底からふいに姿をあらわす、言葉にはそんな力があるのかもしれない」（井上 2016：118）と書いている。また、社会学者の宮原浩二郎は、思いやりのある手紙には、「相手に向かう同情的な共感だけでなく、より理知的な想像力や思慮分別を含んでいる」（宮原2000：12）と記している。

　話された、あるいは書かれたことは、どこか「礼儀正しい＝上品な」言葉なのである。まず、話すことはわたし（金菱）自身もたくさんのマスコミのインタビューを受けてわかったが、相手の意図を察してこう言えば納得してもらえたり、こう言えば首尾一貫した主張になるのではないかということを、薄らと考えながら話している。つまり、答える側は、よい意味なのであるが、どこか虚勢を張った嘘を含んでいる。

　あるいは、今回手紙に参加してくださった、あるクリスチャンは毎日欠かさず日記を書いていた。手紙では、引っ越してきた直後に大地震に遭遇し、住民票もまだ移せていないなかで避難民となり、その後精神的ショックから家族が離散してしまい、なぜ信仰する神はこのような試練をわたしに課すのかということがつづられている。つまり、彼の手紙の送り先は神様である。

　頭では理解しようとしても、どうしても心や霊では理解できないのです。あるいは、「あなた（神）」の存在を認めたとしても、「あなた」を愛するのではなく、「あなた」を憎んでしまうのです。そんな私にある人は言うかもしれません。「あなたの信仰はそんなものだったのですか?」とか、あるいは、「私はあなたよりもっと苦しいことを経験しましたけど、それを信仰で乗り越えて来ました」とか。そんなことは私にはどうでもいいのです。他人の信仰や他人の不幸自慢はもうたくさんです。これは私と「あなた」の関係性の問題なのですから。

　あれから７年が経とうとしています。今も私の心の中には「あなた」に対する疑いと怒りが渦巻いています。そのことを「あなた」は知ってか知らずか、私の気持ちをもて遊ぶかのように、私をいろいろなところに導くのです。(『悲愛—あの日のあなたへ手紙をつづる』より一部抜粋)」

　一見似ているようにみえる手紙と日記の違いについて、彼はまったく違ったものであると告白している。彼曰く、日記はどこか嘘（虚勢）が含まれているとのことである。それに対して、神様に語りかけられた手紙の場合は、何で自分はこのような目に遭ったのかという疑問などを含めて、赤裸々につづったときは、ものすごく辛く涙を流しながら書いたという。ある種嘘をついてもそれは、相手（神）は何も答えてくれないぶん、その言葉が反射鏡のようにすべて書いた本人に返ってくるために、自分に対して正直にならざるを得なかったからである。いわば、沈黙のなかの自己応答なのである。

　正直にならないといけないぶんだけものすごく辛い作業をともなう。そこには、雄弁な当事者はある種存在しない。虚勢を張れば楽だが、それはすべてそっくりそのまま自分に跳ね返ってくる。なぜなら書きつづ

る相手はもう存在しないし、口をついて答えてくれることは決してないからである。インタビューのように、第三者に語りぱっなしになるのとは水準が異なってくる。つまり、わたしたちが前提としてきた「当事者」の考え方に力点を置くような手法では、限界が出てくることになる。

4.　錯綜した当事者と二重の時間

　「当事者主権」という言葉がいわれて久しいが、大きな社会の流れとしては、さまざまな社会的弱者の“当事者”が大切であると重んじられていて、そこから論が立てられる。しかし、この亡き人への手紙はその発想を突き破る可能性が出てきたのである。手紙を通読すると、そこに描き出される当事者は、とても弱々しくある意味錯綜していた。そのため首尾一貫されていない。それは亡き人や大切なものの前で初めて表れる自己の位置づけである。わたしたち聞き手はどこかで、当事者はその出来事についてすべて知っていることを前提にしていて、だからこそ当事者主権が意味をもち得る。ところが手紙を通してみえてくるのは、当事者自身もまだまだ震災のことについて、明確な回答をもっているようには思えない部分を多く抱えている。暗中模索といった感覚である。

　もちろん、行為レベルではそのとき何をしたのか、何を考えてきたのか、などについてインタビューを重ねることはできる。けれども、あの日突然何の挨拶や言葉も交わさないまま、大切な人が逝ってしまったために、そこには後悔や恨み節その他さまざまな感情が入り乱れている。したがって、手紙を通じてみえるのは当事者そのものが、ブラックボックス化されているという点である。

　しかし、次のような疑問が投げかけられるかもしれない。そもそも手紙を書ける人は、書けるという意味で既に強いし、当事者性が十二分に備わっているのではないかという点である。もちろん、手紙を書くこと

自体辛い作業であるため、書ける人というのは強い当事者であるのかもしれないが、実はこの手紙を依頼する過程で書けなかったり、書くことを躊躇ってしまった人がいたのも事実としてある。この書けないという点も、なぜ当事者性が揺らぐのかという話にも通底してくるように思われる。

　最終的には手紙を書いてくださったが、逡巡しながら期限ぎりぎりまで待って書くことを躊躇していた方に、お話を聞きに行くと次のようなことがわかってきた。

　愛娘を石巻の日和幼稚園の津波火災で亡くされたお母さんは、実はこの手紙のプロジェクトに先立って、あるお寺さんの企画で毎年手紙を書いておられ、3.11にお焚き上げをして言葉を天国に送る（中身は一切読まれない）ことに参加されていた。最初の１、２年のうちは愛娘への想いをなんとか送り届けたい一心で書きつづった。ところが、４、５年経つうちに言葉を紡ぐことができなくなっていった。なぜか。

　普通に考えれば、最初の１、２年が苦しくてあとはどちらかといえばこころが休まって書きやすくなるはずであるのに対し、逆の場合があることを教えていただいた。娘さんが亡くなられたときは当時６歳の幼稚園児だった。たとえば、そこから2016年を迎えると５歳齢を重ねることになるので、現在11歳である。中学生の一歩手前まで成長したことになる。最初の１、２年はその当時の愛娘に対して、想っている言葉を素直につづっていた。ところが、11歳の娘になったであろう年齢になると、漢字が普通に読めている時期にあたる。すると、手紙を当時のまま"ひらがな"で書いていいのか、"漢字"で書いていいのか、そこから迷い始めて苦しくなって筆を進めることができなくなってしまったのである。

　災害で止まった時間と、そこから進んだであろう時間は決して交わることなく、そのことが重しになって遺族に圧しかかってきているのであ

る。誰しも毎年誕生日が巡ってくる。それは亡くなった方も例外ではない。とくにお子さんを亡くされた遺族は、その歳になったであろう蠟燭を年齢ぶん立てたケーキとプレゼントを用意する。ところが、趣味趣向は亡くなった時点ではわかるが、歳月が経つにしたがって、何を贈ってよいのかわからなくなり、本当にこのプレゼントでいいのかと逡巡してしまう自分がいるという。

　このお母さんも、亡くされた娘が12歳で４月から中学生ということで、中学の制服の採寸をしたいけれども、実際の身体に合わせて背格好を測ることも叶わないので苦しんでおられた。その意味で、この手紙の書き手は自ら手を挙げて書こうとしたというよりは、悩みながら言葉をつづる作業を試みたということがいえる。

　いわば二重の時間を生きているということが、傍目からはなかなかみえてこない。彼女の場合、日和幼稚園の裁判の当事者として、高台にある幼稚園にいた愛娘がなぜか津波の方向に向かっていた送迎バスに乗り合わせて、津波火災により亡くなった痛ましい事件の原告人でもあった。マスコミに登場する彼女は、いずれも裁判で闘いインタビューにも物怖じせずに話す強い女性である。ところが、手紙で愛娘に向き合う彼女は、とても弱々しく感じられる。それが次の手紙（一部）である。

　瓦礫の中から変わり果てた愛梨を見つけることが出来、真っ黒こげで赤ちゃん位の大きさになっていて表情すら読み取れない位に変わり果ててはいたけど、愛梨だとママもパパもわかったよ。

　本当はね、ママもパパも愛梨を思いっきり抱きしめてあげたかったけど、抱きしめたら愛梨が壊れてしまうから抱きしめてあげる事が出来なかったの・・・。

　抱きしめてあげる事すら出来ずにごめんね・・・。本当はギュ〜と抱

きしめて「頑張ったね」って言ってあげたかった・・・。
　・・・せめて、愛梨を抱きしめてあげながら一緒に旅立ってあげたかった・・・と思っています。
『悲愛—あの日のあなたへ手紙をつづる』より一部抜粋」

　彼女の本心は、愛する愛娘と一緒に旅立ってあげたいという思いであるが、それが叶わない現実があって、そういう葛藤にもがき苦しんでいる姿が手紙にはつづられている。

5．感情に蓋をする

　もうひとりの事例は、やはり今回手紙を書いていただいた女性で妹さんを今回の津波で亡くしている。しかし、彼女はいつも笑顔を絶やさず、震災から6年経った現在は、地域の課題に対して前を向いてまちづくりに奔走している時期でもあった。そのような時期に手紙の依頼をしたが、彼女はこの依頼に対して狼狽した。もちろん、弱い自分ではなく、涙も枯れるほどの悲しみを経験して、自分自身では強いと思っていた。悲しいとか大変だとかは当たり前の感覚で、自分だけが辛いということを公言するのも嫌だという思いと、でもそれでも自分のような辛い思いをするのは嫌だと、手紙を書こうと思った胸の内をそっと教えてくれた。
　つまり彼女のなかでは、震災から6年経ち、悲しみの現実に蓋をしていたことに気づき、もし手紙を書いたら、あの日の悲しみに戻って前に進めないかもしれないという不安に苛まれていたのである。自ら進んで手紙というかたちで筆をとろうと思うことはないし、そのような記録は災害の記録として残らないことは承知している。それはあたかもチェルノブイリ原発事故後の石棺のように、当事者が感情に蓋を固く閉ざしているために、表に出されることはない。

　彼女は、これまでのマスコミなどからのインタビューを受けた経験を振り返りながら、「ほとんどのインタビューで質問されるのは、どういう風に亡くなったか実況的な説明ぐらい。その人に対してどう思っていたのかは、それこそ感情に蓋をしめていたくらいだから、いう機会もないし、いうべきじゃないと思っているしいえない」というかたちで答えている。ここからいえることは、本人は辛い体験を経験したとしても、記録に残るような歴史的経験はむろん、本人の意識すらからも抹消される傾向を強くもっていることがわかってくる。

　その結果、表層的な歴史的資料の記録のみが残り、それを史実として固定化される危険性もここから垣間みえてくる。語りにくいことについて、社会学者の有末賢は、自身の負の感情と深く結びついて、もう一段先にある「語りにくさ」は語りにくいからこそ、人生を支えていて、語られることだけを見るのではなく、歯を食いしばって、言葉にならないことを想像することによって、残された遺族が辛うじて生きていくのであるという、言葉を残している（有末 2013）。

6．寄り添いの技法の否定

　手紙でつづる方法は、振り返ってみれば、抑圧していた感情があり、その抑圧の蓋を取るためには、調査者などの第三者の介在を必要とする。だが、内容自体は何が出てくるのか一切わからないため、手紙の内容へはタッチしないことを結果として選ぶことになる。いわば三人称の介在をなくして、「あなたへ」というかたちで二人称と自己との対話形式になる。その人による亡き人への世界観を表現していく。

　わたしたちは現場に「寄り添う」とか、震災の場合であれば被災者に「寄り添う」という言葉を用いるが、この言葉は現実に即した場合使いにくい。手紙を見てみると温いというか甘いということがわかってきた

からだ。寄り添うという生易しい言葉では回収しきれない言葉が、そこには明らかに存在する。それはなぜかというと、第三者に対する言葉ではなく、手紙のなかであなたへというかたちで呼びかけられているために、たとえ寄り添うとしてもそれは無理だとすぐにわかる。手紙を差し出す相手そのものになったり、書いている本人になって読んでみたり不思議な感覚に陥る。

　死別を考えるとき、人が悲しいと思うのはなぜかということを考えた場合、悲しいという感情があると一般的には理解されている。しかし、日本思想史の子安宣邦は、本居宣長論を踏まえ、人の死が悲しいのは、わたしたちが人間の感情経験からなる世界に織り込まれているからで、織り込まれていない場合には、人の死の悲しさも感じることすらないと考える。もののあわれを知ることは、人間の感情経験の世界に根差した人の心のあり方をいう（子安 2005）。

　それは、ちょうど弱々しい当事者そのものになってしまうということがいえるかもしれず、そこからは寄り添うという側にいる感覚は脱却されることになる。たとえ私信の手紙だけれども、それがかえって感情経験の襞（世界）への織り込まれ方を提示しているのである。そして、まるで二人称である亡き人になって言葉を受け取り、その人に感情移入することにつながっていることを示しているのではないだろうか。

　その意味で、やはり、「寄り添う」立場の境界や強い当事者性の氷解がここで起こっているのだといわざるを得ない。結果として、たとえ災害を経験していなくても、こころの内奥から共鳴する感情が湧いてくるのであるのだろう。

7.　ライティング・ヒストリーの展開

　ここではある特徴的な調査の方法論が浮かび上がってくる。というの

も、従来の歴史資料にもとづく文章資料中心主義（recorded）では、調査者の不介入によって、できるだけ客観的な史実による歴史を目指す。口述記録などのオーラル・ヒストリーの内容は、かなり踏み込んだ上で、当事者の主観的な世界観を明示する。その意味では、調査内容への介入を通して調査がなされる。

　手紙における方法は、抑圧していた感情があり、その抑圧の蓋を解除するために調査者の介在を不可欠としている。だが、内容自体は調査者として何が出てくるのか一切わからないため、調査者による調査内容への不介入を結果として選ぶことになる。三人称の介在を排除し、あなたへというかたちで括弧つきの二人称（あなた）と自己（わたし）との対話という形式になる。その人の亡き人への世界観を表現していくことになる。

　それを『ライティング・ヒストリー』と名づけておく。ライティング・ヒストリーとは、当事者のなかですら伏せられた無意識に対して、そこにある以上の事実を、調査者の介在を必要としながらも、当事者自身が自らの手で意味のある「歴史」として刻むことができる新たな実践である。

　いくつか補足的な説明をしておくと、当事者は、このようなことを話すべきではないとか、書くべきではないというかたちで、感情を抑圧している場合が少なくない。それを二人称という亡き人に対して手紙というかたちで書き記してもらう。したがって、予め書かれたものがあってそれを分析するといった、書かれた文章資料主義的なものではなく、書こうとする（writing）（ライティング）意思に重点をおく。前者の場合やオーラル・ヒストリーでは、強い意味で実証できるということでコインの裏表の関係にある。

　それに対して、ライティング・ヒストリーは、自分でもわけのわからないぐちゃぐちゃしている感情を、自分のなかで咀嚼（そしゃく）しながらなんとか

それを理解可能なものへと導いていく。

　実は、質的社会調査の前提となっているのは、当事者はどこかで現象についてわかっていて、たとえ周りの目から見たときに不合理なようにみえても、当人の世界においては合理的な理屈で把握されていて、インタビューする人は自分の合理性の枠組みではなく、敷居を下げてそれを理解するという暗黙の前提がある。ここに疑問をもちたい。というのも、ほんとうに合理的な理解が当人に可能だとしたら、このように遺族の方は苦しんでいるようなことはない。災害での現象や亡き人への接近の仕方がすっきり理解できないからこそ、懊悩（おうのう）しているのではないかと考えるようになった。もちろん、当人に聞き取りを行えば、その当時の行動や気持ちを吐露してくれる。しかし、そのことと本人が心底状況を呑み込んで理解していることとは異なると感じる。その様子が、手紙を拝読するとよくわかってくるし、何とか言葉にできたり、あるいは逆に言葉にすることができなかったりするという、沈黙についての意味を知ることができるようになる。

　いわば、沈黙の歴史である。沈黙の歴史は、こういう位置づけになる。資料中心主義で成り立ってきたいわば強者の歴史に対して、オーラル・ヒストリーは市井の弱者の社会史を描き出してきた。サバルタン的歴史である。だが、その語りの強さ（当事者性）の陰で隠されていたのは、語らない人びとの存在である。それを手紙という手段によって辛うじて炙り出すことが可能になる。

　したがって、ここでの歴史とは（語ることができなかった弱さをともなった）括弧つきの歴史である。その意味で、文章資料主義の歴史とも口述資料主義の歴史とも異なる、第三の歴史なのである。

参考文献

有末賢、2013、「語りにくいこと―自死遺族たちの声―」『日本オーラル・ヒストリー研究』第 9 号：36-46

井上荒野、2016、『綴られる愛人』集英社

金菱清、2018、「ライティング・ヒストリーの展開―オーラル・ヒストリーの敗北宣言」（特集Ⅰ：歴史経験の語られ方、記憶のされ方）『フォーラム現代社会学』第17号：137-148

金菱清編・東北学院大学震災の記録プロジェクト編、2012、『3.11慟哭の記録―71人が体感した大津波・原発・巨大地震』新曜社

金菱清編、2017、『悲愛―あの日のあなたへ手紙をつづる』新曜社

子安宣邦、2005、『本居宣長とは誰か』平凡社新書

宮原浩二郎、2000、「思いやりのある手紙」大村英昭編『臨床社会学を学ぶ人のために』世界思想社：3-24

11 │ 幽霊

《目標＆ポイント》　なぜ、被災地では幽霊への接触を忌避するのではなく、むしろ歓迎しているのだろうか。同僚や家族にさえ話さず、自分のなかで大切な思い出として保管している。幽霊（死者）に対する、畏怖の気持ちが彼らを支えている。通常のプロセスで考えれば、葬儀や慰霊祭のような宗教的儀礼がある。これらは、彼岸の側に立った鎮魂の方法である。

　しかし、行方不明者を多く抱えるような大震災では、未だ彼岸にいない死というものに、通常のかたちで対処するには不向きな面もある。行方不明とは、亡くなっているのか生きているのかわからない状態が、長期にわたって続くことである。生者と死者のはざまをむすぶ曖昧な（中間）領域にある不安定で、両義的な生／死を無理になくそうとはしない。被災者である当事者たちは曖昧なものを曖昧なままに生と死の中間領域を肯定的に対処する方法を自ら工夫している。

《キーワード》　死者忌避、幽霊、畏敬の念、仮預かりの論理、生ける死者

1. 死者忌避論で語られないこと

　「街の復興はとても大切な事です。でも沢山の人達の命が今もここにあることを忘れないでほしい。死んだら終わりですか？」と、宮城県名取市の閖上（ゆりあげ）で子息を亡くされた家族が、学校の机に言葉を刻みつけてある。わたしたちは、この直接的な質問に対してどのように答えることができるだろう。もちろん、素朴にイエスと肯定することもできる。亡くなれば単なる骨（リン酸カルシウム）になってしまうので、モノいわぬ死者に対して、あちらの世界に放り投げてしまうことも可能だろう。

　漫画『寄生獣』に次のような印象的なシーンがある。人間に寄生した異生物の影響で、半ば人間のこころを失った主人公は、子犬が亡くなるまで温かく抱擁していたが、子犬が生物学的な死を迎えると、まるでモノのように子犬をつまんでゴミ箱に捨ててしまう。それに対して主人公に恋心を抱いていた女性の様子がおかしかったので、変だなと思った主人公は、「清掃の人が困るかな？」と答えて、女性が興醒めをしてしまう場面である。そして彼は、「もう死んだんだよ…死んだイヌはイヌじゃない。イヌの形をした肉だ」といい放つ。つまり、このシーンは逆説的に、人間が人間として存立する基盤を提示していて、カルシウム（物質）論でみれば、亡くなれば終わりでそこになんらの特別な感情を抱く必要性もなくなる。

　また、伊坂幸太郎の小説に『死神の精度』という作品がある。主人公の死神は調査部員となって、１週間にわたり対象となる人間の調査をして、予定通りの場合「可」としてその人間が死亡になるか、稀に「見送り」となりそのままこの世に生き残ることになるのか、判断を最終的に下す。しかし、ここでの死神は人間に興味がなく、この１週間の期間に音楽を聴くことを楽しみにしているだけである。

　むろん死神はこの間人間の姿に扮しているので、対象者である人間にはわからない。そこでの会話の一節である。「死ぬことが怖い」とある人間がいうと、死神は、「生まれてくる前は怖かったか？痛かったか？」と問う。すると人間は、「いや」と答える。それに対して、わが意を得た死神は、「死ぬということはどういうことだろう。生まれる前の状態に戻るだけだ。怖くもないし、痛くもない・・人の死には意味がなく、価値もない。つまり逆に考えれば、誰の死も等しい価値だということになる。だから私には、どの人間がいつ死のうが関係がなかった」とクールに言い放った。

　純粋に科学的な考え方で捉えれば、死ねば単なる骨だけのリン酸カルシウムになるので、モノいわぬ死者に対して、上のふたつのエピソードのようにあちらの世界に放り投げてしまうこともできる。しかし、現場での死者の受け取り方は、それとは異なっている。もちろん、こうした問いかけは、すでに宗教者や宗教学にとっては解決済の問いかけであろう。死への対処は、純粋科学と異なって、どの宗教もそれなりの答えを出してきたからである。問題はそれが必ずしも被災者のこころに響いていないことではないだろうか。それは水俣病で石牟礼道子が「水俣を経験することによって、私たちが知っていた宗教はすべて滅びたという感じを受けました」という、言明にも似通っているともいえる。それだけ、実は宗教者にとっても、今回の東日本大震災は、従来の死生観を覆す問いかけがあったように思われる。実際、現場で懊悩し狼狽している宗教者は少なくない。

　今回の東日本大震災が突きつけた問題は、津波による数多くの行方不明者に端的に表れているように、わたしの愛する家族はどこに行ってしまったのかという問いであろう。もちろんシンプルな解答方法として、亡くなった事実を納得するための処理を、宗教が担うことが役割として考えられる。しかし、この亡くなっ「た」という過去完了形にするためには、いかなる処置が必要であろうか。通常は遺体の確認であるが、行方不明ということで、それも叶わないのである。

　本来災害とは、それまで普段あまり意識することもなかった、死に対して振り返る機会を与えてくれるはずである。ただし、一般的には、死者忌避論が優勢を占めているため、死者そのものがオブラートに包まれ、夥しい遺体がその場にありながら、わたしたちの目にふれることはほとんど皆無であった。そのことが忘却の彼方へと死者を追いやっている、そういう状況がある。そして死者の数だけが問題になることにつ

いて、哲学者の中島義道は、死は他人が代替不可能な「その人だけの死」であるにもかかわらず、それぞれの死者に視点を合わせていないということを指摘している（中島 2014）。

　死者への忌避やプライバシーの問題であったり、要因はさまざまあげられるだろうが、死者がマスキングされて、一般の人びとが気づかないように巧妙に操作されている。

2. タクシードライバーが畏敬する幽霊

　震災後被災地沿岸で幽霊現象の見聞があとを絶たず、各地で報告された。そのなかで、石巻の市街地で調査を行った共同調査者は、幽霊現象のなかでもタクシーのドライバーが、特異な体験をしていることに気づく（「死者たちが通う街―タクシードライバーの幽霊現象」『呼び覚まさ

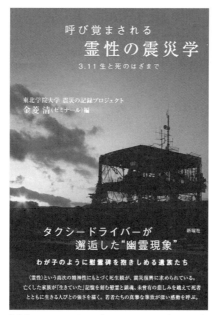

写真11-1　タクシードライバーの幽
　　　　　霊現象を所収した『呼び
　　　　　覚まされる霊性の震災
　　　　　学』（新曜社）

れる霊性の震災学』）。それは、他の霊現象が、みたかもしれないという半ば不確かなものにとどまっているのに対して、ドライバーが霊を直接乗せて対話をしたりしているリアリティのある点であった。

　たとえば、初夏にもかかわらず、深夜石巻駅で客を待っていると、真冬のコートを着た女性がタクシーに乗ってきて、行き先を告げるが、そこは更地だけどよろしいかと尋ねると、「私は死んだのですか？」と震えた声で聞いてきたため、ドライバーが後部座席に目をやると、そこには誰も座っていなかったという事例などである。

　ただし、霊現象の特異性というよりも、むしろドライバーが恐怖心ではなく、この霊現象を温かいものとして受け入れているのかということがポイントである。体験当初は怯えていたドライバー自身も、しだいに霊を受け入れて、“畏敬の念”を抱くようになる。亡くなった方がこの世に未練があっても当然だと受け入れ、また同じような季節外れの現象があっても普通のお客さんと同じ扱いをすると述べている。そして、まだ無念の想いを抱いていて、両親に会いたいので、直接行き先に行ってもらえるタクシーに乗って、やり切れない気持ちを伝えるのに個室の空間であるタクシーを選んだのではないかという、ドライバー自身の解釈を紹介している。

　こうした幽霊話は、“匿名”にすることを条件に、初めて話者に対して打ち明けられる。秘匿について、「体験直後は誰かに話したくてしかたがなかったけども、今は（胸の内に）しまっておくと決めているんだ。嘘だと（周りから）言われて、彼ら（霊魂）の存在を否定されてしまうから」という語りを引き出している。ある礼節をもって幽霊に接していることで、危害を加えたり恨みを抱いたりする存在から、静寂な気持ちで無念の気持ちを掬い取ることができる「イタコ」的な存在として、タクシードライバー自身を位置づけていることを示している（工藤　2016）。

3. もし亡くなっていないなら…

　幽霊の真偽はここでは問わずに、括弧つきの「死者」と生者とが行き来する温かい相互交流の場が設定されていることに焦点をあててみたい。前者は死んだらはい終わりではないし、後者は恐れて霊魂を排して向こう側に押し戻すものではないという人びとの捉え方である。彼岸と此岸に境界を設けてきっちり分けて考える発想から、彼岸と此岸が重なる場所を設定しなければ、このような考え方は成り立たない。では、彼／此岸の重なりから何がみえてくるのか、その社会的意味について次に示してみたい。

　同じ大規模災害における死でも、死因もそれぞれ大きく異なってくる。1923年9月1日に起こった関東大震災では、死者10万人余りのうち、実に87％もの人が火災で亡くなった。そのうち、軍服を作る工場跡地で公園予定地であった場所に人びとが避難し、そこに竜巻ともいえる猛烈な火災旋風によって家財道具をもって避難した実に4万人近くもの人が命を落とした。1995年1月17日の阪神・淡路大震災では、震度7の烈震による揺れにより建物が倒壊し83％もの人が窒息・圧死で亡くなっている。

　そして、2011年3月11日の東日本大震災では、M9の烈震のあと数10メートルを超える大津波が三陸沿岸など各地を襲い92％もの人が溺死によって亡くなっている。

　とりわけ阪神・淡路大震災の際には、午前5時46分と夜明け前という時間帯であって、有無をいわせぬかたちでの死であった。それに対して、午後14時46分の本震のあとに襲った三陸沿岸の大津波は、奥尻島で死者202人行方不明者28人を出した北海道南西沖地震では揺れが収まると同時に津波が押し寄せてきたのに比して、ご飯が炊ける時間があったというほど津波到達時刻までに時間的余裕があった。その時間帯に人間の関

与の余地があったのではないかと悔いている人びとがたくさんいることが特徴的である。

自分がもしこのように行動していたら、愛する人は亡くならずに済んだのではないか。でも実際には亡くなっている。この自問自答による罪の意識に苛まれている。このもし何々をしていたら生きていたはずだという、人間関与の救済仮定法が存在することが第1の特徴である。

第2の特徴は、「曖昧な喪失」の死を東日本大震災では多く含んでいるという点である。行方不明者の遺族にとっての死は遺体が上がらないままの、実感のわかない死であるといえる。

生者とも死者ともつかない、保留状態の死をどのように捉えるのか。通常、生者にとっての危機であるとともに、魂である死者にとっても危機である、二重の不安定さを抱えていることになる。この行き着く先は、自死やアルコール依存症などの震災関連死への、危険性が高まることを意味している。浮かばれない死と自死そのものへの導線を断ち切り、現世を生き延びる道として不安定な状態を脱する手立てが必要となる。ただし、葬儀や慰霊祭のような宗教的儀礼は、彼岸の側に立った鎮魂である。行方不明者を多く抱えるような大震災では、未だ彼岸にいかない死というものに対処するには不向きな面も含まれている。

戦争や災害においては、大量死という現実を避けて通ることはできない。9.11アメリカ同時多発テロや戦争などでの行方不明者について長らく調査を行った、研究者であり家族療法家でもあるポーリン・ボスは、「曖昧な喪失」という概念を用いて、死者がいてお葬式などの象徴的な儀礼によって送り出される遺族の「明確な喪失」と区別して、その状態が最終的か一時的か不明であるため、残された人びとは困惑し、問題解決に向かうことができない状態を定式化させた（ポーリン・ボス　2005）。

他方、ボスは、曖昧な喪失が多くの人びとに長期にわたって深刻なス

トレスフルな状態を引き起こすなかで、それだけにとどまらず、曖昧な喪失を経験した人びとが彼女ら彼らの人生を"前進させている"事実についても注意を払っている。たとえば、ボスが、パイロットだった夫の飛行機が、東南アジア上空で撃墜され、行方不明になったパイロットの妻にインタビューを行い、後者の人生を"前進させる"意味について、ボスの研究の方向性を変える出来事として報告している（同上 31-33）。

　ボスが調査を終えて帰ろうとしていたとき、行方不明の夫が、撃墜された後も妻と話をするために自分の元へ2度戻ってきたということを妻が語り始めた。家の前で会話をし、4人の育ち盛りの子どもたちに手頃な家を手に入れてもっとよい学区に引っ越すようにいわれ、実際妻はそのようにした。そして1年後、寝室にやってきて、夫はよくやったといい、妻を誇りに思い、愛しており、そして今さようならをいおうとしているところで、「この時、私は、夫が本当に死んでしまったことがわかったのです」とボスに語った。

　これを不思議な出来事があったという話で終わるのではなく、ボスはさらにこの話を深く解釈していく。客観的なデータの収集や、それを記録する社会科学者としてトレーニングを受けてきたが、現実として、行方不明の夫との会話が、妻を慰め、元気づけ、さもなければできなかった必要な決定と変更を行うことができ、妻である彼女はひとり親そして、家長として自分の新しい役割に順応することを可能にし、この事実の方が重要であるという立場をとった。

　そして、この立場からずっと耳を傾けていると、夫を亡くしたこの女性は、インディアン特別保留区で育ち、そこでは、突然の死の場合、喪失をやわらげるために、しばらくの間死亡した人を「存在」しているものとして扱うことが慣習であったことを、ボスに語りかけてきたという。このときにボスは、曖昧な喪失に対するわたしたちの弾力性が、単に性

格ではなく、ましてや科学的な因果関係でもなく、われわれのスピリチュアルな信念と文化的価値とに関係があることを発見する。次に、このスピリチュアルであるところの霊性と文化的価値について、考えてみよう。

4. 死者対処システムと未曾有の災害

　宗教学者の池上良正は、日本における文化的価値に照らして、生者と死者の関係の綱引きを、苦しむ死者への対処法としてふたつのシステムを示している（池上 2003）。ひとつは、〈祟り―祀り／穢れ―祓い〉システムである。仏教インパクト以前から系譜をもつ在来システムで、自分たちよりも強いと判断された死者を祟り霊威（神）として祀る懐柔策が祟りと祀りで、自分たちよりも弱いと判断された死者を穢れた霊威として祓う排除策が穢れと祓いである。

　たとえば、今では受験の神様である菅原道真公がその昔、政治的に左遷されその後次々と政敵などが不審な死や病死を遂げたことから、この左遷を企てた天皇でさえ祟りから免れることができなかった。そして、道真公の怨霊を鎮めるため、北野天満宮が建立され、御霊として祀ることで神様になった例は祟り―祀りの図式に当てはまるといえる。また、併存パターンも存在し、うるさい社長を名誉会長に「祀り上げ」て、実質的な「厄介祓い」をする手法があったりする。

　もうひとつは、在来のシステムを否定する〈供養―調伏〉システムである。仏教インパクト以後の後発システムで、仏教的功徳を死者に廻施して救済を擁護する供養と、仏法の力によって死者を善導・教化して鎮める調伏である。浮かばれない死者などを追善供養などの儀礼で魂を成仏させる鎮魂方法である。

　生者と死者との個別取引において、死者たちの側に認められてきた前

者〈祟り―祀り／穢れ―祓い〉側の主導権は、後者〈供養―調伏〉のシステム移行で大幅に生者の側に引き寄せられることになる。仏法という権威への従属を介して、生者は死者の優位に立つことができるようになる。

　鎮魂や慰霊の祭礼は災害時に注目されるが、このような宗教的な儀礼システムは通常、彼岸の側にいて既に亡くなった死者を想定しているように思われる。宗教的儀礼や追憶の秩序は、津波常襲地の宗教儀礼システムのように、津波が突如もたらした大量死を象徴レベルに位置づけ、人びとが日常に帰するための供養として彼岸に送り出すリアリティの回路を開く。

　ただ、津波に攫われ行方不明者を多く出したことは、今回の震災の大きな特徴のひとつである。いわば、行方不明者は、彼岸とも此岸とも居場所の定まらない、括弧つきの「死者」なのである。いわば「浮かばれない死者」に対処するためには、彼岸である死者の側を祀ることで此岸である生者の側への回帰が果たされるという既存のパラダイムは、生者が死者との応答に心身を擦り減らして彼岸に引き込まれそうになったり、不祀りの魂が彼岸と此岸を行きつ戻りつしているような、曖昧な喪失においては破綻する傾向にある。

　なぜなら、突然生を中断させられ、こうしていれば亡くなっていなかったと懊悩する家族や親族の霊を慰めるには、通常の祀りでは十分ではなく、身近な死を確信できない遺族が未だ浮かばれない死者と彼岸との「個別交渉」の繰り返しを強いられ、無限地獄に陥るからである。

　少なくない数の被災者が、震災後青森県の霊媒師や下北半島の霊山である恐山を訪れている。わたしの知り合いも何人か訪れていることを確認している。未だに行方不明だったり、突然何もいわないで去ってしまった家族に対して「さよなら」のない別れであったため、どうしても

亡くなった家族は彼ら彼女らの言葉が聞きたいのである。恐山の住職代理を務める南直哉は、恐山に押し寄せる犠牲者遺族の声に耳を傾け続けながら、彼らには、安直に語り出される宗教がかった言葉は不要で、死者を死者として納得しがたいうちから、死者を適当に意味づけするような言辞を押しつけられても、遺族が受け入れられるはずがないという（南 2012：197）。

そして、彼らは死者がいないとも捉えている。それは失われた人が死者になりきっておらず、死そのものを理解できない人間は、別離という生者の経験になぞらえて死を考えざるをえない。今まで自分の人間関係のなかに織り込まれていた人物を、不在者として位置づけし直すことが必要であるがその段階に至っていないという見立てである。

5. 仮預けの論理—曖昧なものを曖昧なままに

生者と死者の中間領域に存在する不安定かつ両義的な生／死が存在する。それをできるだけ縮減し、生死の個別取引の主導権を生者の側に引き戻すための工夫である。いわば制度化されてはいないが民間で機能している社会文化的装置である。災害コミュニティがこれに当たる。生者と死者のはざまにある曖昧な領域は、あってはならない"不安定"な存在であるため、できうるかぎり曖昧な存在をなくし、社会を安定化させる方向に向かわせることである。この安定化の方向性に推進する事例は、被災地の現場でも数多く確認することができる。

しかし、今回のタクシードライバーによる幽霊との邂逅（かいこう）（出会い）と、それへの受け止め方に出ているのは、現世である此岸からあの世である彼岸へと移行する一方向性のあり方とは明確に異なっている。無理に曖昧な領域をなくそうとはせずに、曖昧なものを曖昧なままにして生と死の中間領域を肯定的に転調させることで対処する方法を、被災者である

当事者たちは自ら工夫している点にある。

　このことはわたしたちの日常生活の感覚に置き換えてみると、哲学者の内田樹は『死と身体』のなかで、わたしたちは処理できないものについて「中間項」というかたちで無理せず処理しているという。

　たとえばパソコンでいえば、整理が出来て必要のないものであればトラッシュボックスに入れて処理する。整理が済んだものであれば保存するかフォルダーに入れる。しかし、どちらとも処理できない場合わたしたちはどうするか。それはデスクトップの画面に一時保存された状態で置いておく。いわば、このデスクトップに借り預けをしている領域が中間項である。携帯メールでいえば「その他」のフォルダーや受信箱にとりあえず入れておく知恵に近い。

　このような中間項におけるプラスへの転調は、どのような精神的なケアに寄与しているのだろうか。今回の震災では、行方不明や突然の死、津波の来襲までの物語の不在などが存在する。そのなかで、外部からもう震災から数年経過したから、早く死者を忘れるよう圧力がかけられる。このことは、いわばデスクトップに保留してあるものを、外部から性急に整理を求められるのと同じことを意味する。しかし、当事者の心情に合わせてみれば、いつ整理するのかは被災者である当人が決めればよい話であり、いわば“当事者主権”に本来委ねられているはずである。

　人によっては20年以上かかるかもしれない。それでもよいのではないかというこころのゆとりや安心感を、タクシードライバーの語りは与えてくれている。なぜなら、タクシードライバーが幽霊に出くわしてもまた乗客として乗せるということは、繰り返される幽霊との邂逅を前提にしているからである。そして、これは身内では必ずしもないが、亡くなった人びとを地域コミュニティで支えていく意味が込められている。

　いわば曖昧なものを曖昧なまま一時預かりのなかで、未処理のまま対

処する方法をとろうとする。そしてそれをよいものとして評価すること
の大切さを、わたしたちに教えてくれている。

　幽霊や生ける死者を、宗教論として読むとすればどういうことになる
のか。そこにはある定式があるように思われる。わたしたちが通常接す
る死者との関係でいえば、葬儀の儀礼は、死者＝非日常的な生者を生者
＝日常的生者側が日常性（この世）から切り離し、非日常的領域（あの
世）に移行させ、安定を図る行事である。このことを踏まえると、被災
地で目撃される幽霊は、死後に肉体を離脱した霊魂であり、未だ成仏し
得ないためにこの世に姿を現す存在（実体）である（佐々木 2012）。

　先きほどの宗教学者の池上良正の『死者の救済史』をベースにしなが
ら、同じく宗教学者の佐々木宏幹は東北地方の幽霊が安定化し、人びと
を惑わすことがないようになるためにも、（１）不安定で迷っている死
者たち、ねたみや恨みの感情を抱いている祟る死者、障る死者、成仏・

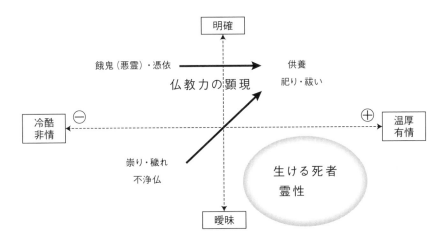

生と死の境界性（縦軸）と死者への感情度（横軸）

図11-1　生ける死者の位置づけ

往生できずに苦しんでいる死者から、（2）落ち着いて安定している死者たち、安らかな死者、成仏した死者、子孫を見守り援護する先祖、へと変化（ヘンゲ）することが求められ、その媒介を宗教が果たすべきであると宗教学の結論は到達している（佐々木 2012）。

　一見するとわかりやすく、死者を穢れや祟りから祓ったり祀ったり、供養するべき対象として捉えることもできる。しかし、今回示した実際に現場で生じている事例は明確にそれを否定する。生者と死者のあいだに存在する曖昧な死は、必ずしもマイナスだけの祟ったりするような不安定な死ではない。もちろん、佐々木がいうように、コミュニティのなかで不安定かつ両義的な生／死をなくすことで、安定に向かうことも震災の現場では確認できる。

　しかし、今回扱った石巻の幽霊話や閖上の慰霊碑でのそれとは異なるパターンである。不安定かつ両義的な生／死の中身をなくさせずに、それをむしろ豊富化し、そのままでよいという肯定的なものとして当事者が受け止めている。そのことは、従来の宗教観からは説明がつかないように思われる。それを最後に考えてみよう。

6. 生ける死者論

　この死者とふれる痛々しさについて、否定的な評価というよりはむしろ、肯定的な評価をしているのが批評家の若松英輔である。『死者との対話』（若松 2012a）や『魂にふれる―大震災と、生きている死者』（若松 2012b）のなかで若松は、死者をめぐる悲しみは、生者の感情の起伏ではなく、死者が生者の魂にふれる合図だという。そのうえで、悲しみを、惨めで慰めもなく、救いのないものにしていることは、現代の大きな誤りだと説いている。悲しみは、それだけ自分の人生に大きなものがもたらされていたことの証であり、死者は目には見えないが、見えない

ことが悲しみを媒介にして、実在をよりいっそう強くわたしたちに感じ
させる、という。彼の言明は、死を彼岸に追いやる現代の趨勢に抗して、
家族を突然亡くした人びとの感覚と非常に重なっているといえるだろう。

　そして、彼は「協同する不可視な「隣人」」という魅力的な言葉を使
いながら、死者と共にあるということは、思い出を忘れないように毎日
を過ごすことではなく、むしろ、その人物と共に今を生きるということ
ではないだろうかと提起する（若松 2012b）。

　さらに、若松は、死者と生者の関係に転向を促す。生きている人から
ではなく、まず死者からの無私の手助けがあり、働きかけはいつも、彼
方から先に注がれるが、生者はしばしばそれに気づかないという。東日
本大震災において日頃忘却と鈍感が蔓延るこの社会で、気づかないよう
な霊性が呼び覚まされているといえるだろう。

　死者が、「呼びかける」対象である以上に、「呼びかけ」を行う主体で
あるとき、わたしたちは、感受性を研ぎ澄まし霊性である生ける死者か
らの声にどれだけ耳を傾けているだろうか。わたしたちの想像力がむし
ろ問われているといえるだろう。

参考文献

福田雄、2012、「災禍の儀礼論に向けて―現代日本における慰霊祭や追悼式の事例
　　から」関西学院大学先端社会研究所『先端社会研究所紀要』第 8 号：73-89
池上良正、2003、『死者の救済史―供養と憑依の宗教学』角川選書
伊坂幸太郎、2008、『死神の精度』文春文庫
石井正己、2015、「過去の災害の被災者の「声」を語り継ぐ」似田貝香門・吉原直
　　樹編『震災と市民 2 支援とケア』東京大学出版会：105-122
岩明均、2014、『寄生獣』KC デラックス アフタヌーン
岩田慶治、2000、『死をふくむ風景―私のアニミズム』NHK ブックス

工藤優花、2016、「死者たちが通う街—タクシードライバーの幽霊現象」金菱清
　（ゼミナール）編『呼び覚まされる霊性の震災学—3.11生と死のはざまで』新曜
　社：1-23

南直哉、2012、『恐山—死者のいる場所』新潮新書

中島義道、2014、『反〈絆〉論』筑摩書房

ポーリン・ボス、2005、『「さよなら」のない別れ　別れのない「さよなら」—あい
　まいな喪失』（南山浩二訳）学文社

佐々木宏幹、2012、「東日本大震災は何を変容させたのか」『生活仏教の民俗誌—誰
　が死者を鎮め、生者を安心させるのか』春秋社：204-247

内田樹、2004、『死と身体—コミュニケーションの磁場』医学書院

若松英輔、2012a、『死者との対話』トランスビュー

若松英輔、2012b、『魂にふれる—大震災と生きている死者』トランスビュー

薬師寺浩之、2004、「2004年津波被災後のタイ南部・アンダマン海沿岸ビーチリ
　ゾートにおける幽霊をめぐる混乱と観光復興」『立命館大学人文科学研究所紀要』
　102：93-128

12 | 夢

《目標＆ポイント》　遺族にとって、夢は死者との「縁^{つながり}」を考えられる大切な
ツールである。あの日、前触れもなく、大切な人は「さよなら」もいわず、
遺族の前から立ち去った。これからも生きていたかったであろう命が突然、
その途上で断ち切られてしまった無念の感情を遺族は抱え込んでいる。亡き
人が生きていた視覚的輪郭は現実の世界にはない。
　しかし、視覚的に見えないことが、その人が存在していないことを表して
いるわけではない。ときには、頬^{ほお}に直に触れる触覚や亡き人の声を聴く聴覚
をともなった夢を、遺族は見る。死者との関係は、写真が残っていたり、確
かな記憶をもち続けていても、それ以上の新しい更新＝交信は生まれない。
　それに対して、夢は、見る度に死者との関係を更新＝交信できる。ふいに
現れる亡き人は、その後失われた日常生活のひとコマとして、ページを新た
にしてくれる。つまり、夢は、断ち切られた現実に対して、死者となおもつ
ながり続けることができる「希望（としての夢）」なのである。
《キーワード》　因果関係の逆転、更新＝交信、「未来を記憶する」力、「過去
を現在進行形に変える」力

1. 銀河鉄道の夜

　カムパネルラは、少し顔色が青ざめて、どこか苦しい風でした。する
とジョバンニも、なんだかどこかに忘れたものがあるというような、お
かしな気持ちがして黙まってしまいました。・・・
　「おっかさんは、僕を許して下さるだろうか。」
　いきなり、カムパネルラが、思い切ったように少しどもりながら、咳

き込んで言いました。ジョバンニは、ぼんやりして黙っていました。

　「僕はおっかさんが、本当に幸いになるなら、どんなことでもする。けれども、一体どんなことがおっかさんの一番幸いなんだろう。」

　カムパネルラは、なんだか、泣きだしたいのを、一生懸命堪えているようでした。

　「きみのおっかさんは、なんにもひどいことないじゃないの。」

　ジョバンニはびっくりして叫びました。

　「ぼくわからない。けれども、誰だって、ほんとうにいいことをしたら、いちばん幸いなんだねえ。だから、おっかさんは僕を許して下さると思う。」

　カムパネルラは、なにか本当に決心しているように見えました。

（『銀河鉄道の夜』より一部改編）

　宮沢賢治の代表的な小説に『銀河鉄道の夜』がある。あまりにも有名であるが、あの物語が夢であることは意外に気づかない人も少なくないのではないだろうか。ジョバンニは、ケンタウル祭の日に疲れて、丘の草の上でうとうとと寝てしまう。そして夢が目覚めたときには、大好きだがなかなか話せなかった親友のカンパネルラが、水に落ちた友達を救って亡くなってしまったことを知らされる。ジョバンニは、予知夢のなかでカンパネルラの死が正夢としてそれとなく予見されたシーンを見ていたのである。

　宮沢賢治の童話『銀河鉄道の夜』は、主人公のジョバンニによる夢が大半をしめる印象的な物語である。何にもまして、憧れの親友のカンパネルラとふたりきりになれた高揚感で胸がいっぱいになる。このカンパネルラとの出会いがまるで現実であるかのように展開され、カンパネルラという天国へ行く死者とジョバンニという生者が星々の煌く天の川を、

疾走する銀河鉄道という列車のなかで邂逅した会話が冒頭の部分である。

　そこでの会話は後になってみれば、水で溺れた友人のために自分が犠牲になったことを少し悔いていて、その義侠心を母親が理解して「許してくれるのか」という会話だったのである。でも、そのときは何を許してくれるのかはわからない。

　「僕たちずっと一緒にいようね」といって振り向くとそこにカンパネルラは姿を消し、元の丘の上で目を覚ます。夢のなかで繰り広げられるストーリーは、親友とふたりきりになれて話を交わせたという幸福感と、実はそれらすべてのやり取りは親友が既に亡くなっていたという、喪失感で織りなされたものである。賢治は、妹の死に接して『銀河鉄道の夜』に、何を託そうとしたのだろう。大震災における夢のなかにもこれとよく似た物語がたくさんあり、夢と現実とが地続きでつながっている場合が少なくない。

2. 大震災後見る夢の世界

　ふつう、わたしたちは夢をすぐに忘れるのではないだろうか。冷や汗をかきながら見たり、目覚める直前にみた夢でも、時間が経つと思い出せないものである。映画『君の名は。』も夢を介しながら、夢見のときは鮮明なのに現実に戻ると、相手の名前を忘れていく物語である。ところが、震災で亡くなった人との夢は、遺族にとって、夢を見終わった後も触感があるほどくっきりとした輪郭をもちながら、記憶されている場合が少なくない。それらは個別具体的である。

　繁さんと宏美さんは、指切りをしている。
　「何もしてあげられないよ」「でも、信頼してる」「急がないから」「待ってる」

　一言ひとこと、確かめるように宏美さんは話した。

　「指切りをした手の感触は、起きてからも鮮明に覚えていました。夢を思い出しながら『あの世から簡単に助けることはできない。でも、信頼しているからね。あの世に来るのを待っているけど、急がないからね。そっちの世界で修行しておいで』と妻から言われているような気がしました」（「最愛の妻と娘は魂の姿に」『私の夢まで、会いに来てくれた』より）

写真12-1　被災者遺族の夢を所収した『私
　　　　　の夢まで、会いに来てくれた』
　　　　　（朝日新聞出版社）

　繁さんの夢日記には、「おばけだぞ～」とおどけた口調で亡くなった奥さんが、かぶっと夫の鼻を噛んだとある。この噛んだりした体験は、単なる情景ではなく、“触覚”をともなった実感となっている。体温をもち現実でわたしたちが体感することと、なんら変わりのない日常そのものである。繁さんは、夢から覚めて「あ、これは夢だったんだ」って思ったときは本当に辛かった。しかし、今は夢でも亡くなったのはわかっていて、夢でなら亡くなったふたりと会えるし、何よりふたりと触れ合えるし、「魂」に近い言葉もくれるし、見守っていてくれているのがわかるから夢を見られて本当に嬉しいと語る。

　第10章の遺族による手紙集の中身を拝読すると、なぜか（夜見る）夢の話が多く書かれてあった。なぜ夢の記述がこのように多いのか。手紙は、その人の内実や世界観を映し出す鏡であった。そのなかで、夢が多く出てくるのはどうしてかという疑問を抱いた。亡き人への手紙の中身は、当人にとってみれば、家族に伝えたくて仕方のない思いの詰まった内容である。架空の「夢物語」だとして退けられるものではない。したがって、心理学的な学問の関心から出発したのではなく、彼女ら彼らの大切な人に伝えたいものなので、実践的関心から夢を出発させている。そこで、学生たちと一緒に100人以上の被災者の方の話をじっくり伺いながら、震災における亡き家族との夢での邂逅を集めてみたのである。
　冒頭の夢も、宮城県の山元町に暮らす亀山繁さんが見る夢の中身であるが、実は彼は妻の宏美さんと次女の陽愛ちゃんを津波で亡くしている。その夢のなかで、まるで現実に会ったかのように秘密の約束を交わすシーンである。つまり、亡くなった後も、その人との邂逅が続いているのである。

3．死者との絆＝ 縁（つながり）を考える

　遺族にとって、夢は死者との「 縁（つながり）」を考えることができる、大切な
ツールとなっているケースが見受けられる。あの日、何の前触れもなく、
大切な人は「さよなら」もいわず、遺族の前から立ち去ってしまった。
これからも生きていたかったであろう生命が突然、その途上で断ち切ら
れてしまった無念の感情を遺族は抱え込んでいる。亡き人が生きていた
視覚的輪郭は現実の世界には存在しないのでみえない。しかし、視覚的
にみえないことが、その人が存在していないことをイコールとして表し
ているわけでもない。ときには、頬に直に触れる触覚や亡き人の声を聴
く聴覚をともなった夢を遺族は見る。それらはあたかも視覚を失ってい
る人（盲人）が夢を見るかのように具体的なのである。つまり、はっき
りそこに存在していると考えている。
　中国古代哲学が専門の劉 文英（リウウェンイン）によれば、先天的な盲人にとって、夢
は視覚的形象をもたないが、聴覚や味覚など、視覚外の感覚による「形
象」はあるという（「盲人は夢を見るか」『中国の夢判断』）。たとえ視覚
をもたない人にも、夢という視覚的現象が視覚の剥奪（はくだつ）を補うかたちで、
はっきりとした輪郭を使って疑似視覚として夢の現象が知覚される。つ
まり、夢を"みる"のである。
　被災者遺族の夢が、往々にして輪郭がはっきりしてその内容が豊富で
あるのは、盲人における視覚のように、「何か」が奪われた状況である
ことを刻印しているのかもしれない。東日本大震災の場合は、今も行方
不明のままであったり、写真やビデオなど共に時間を過ごした記録が津
波に奪われたりしているため、姿やかたちがある方法で再会することが
困難な場合が少なくない。死者との関係は、たとえ写真が残っていたり、
確かな記憶をもち続けていたとしても、それ以上の新しい更新＝交信は

通常生まれない。たとえば、子供であればそれから先の成人式を迎え、それを共に過ごすことは考えられないことである。

　ところが、夢は、見る度に死者との関係を更新＝交信することができる。ふいに現れる亡き人は、その後失われた日常生活のひとコマとして、ページを新たにしてくれる。つまり、夢は、断ち切られた現実に対して、死者となおもつながり続けることができる、「希望（としての夢）」でもある。

　ある遺族は、夢から啓示を受けたと感じ、それを亡き人からのメッセージと解釈し、夢に自身の希望を重ね合わせることによって、夢を願望に変えて現実のものにしている。「（眠っている間に）見せられた夢」を「（目標として）現実に見る夢」に転換し、重ね合わせることで希望をつなぎとめているのである。震災直後にスローガンとして巷にあふれた「絆」とは、生きた人同士の横のつながりだけではなく、実は亡くなった人との縦の関係をつなぎとめておくための大切な言葉なのである。

　それでは、夢は歴史上どのような意味をもってきたのか。古代には、夢が人びとの現実世界の方向性やあり方に重要な意味を担っていた。たとえば、法隆寺に夢殿というものがあるが、夢の啓示は政治性さえも保持していたことがわかる。言葉による神託や夢託という手段を用いて、天皇は、夢想において神々と交信する特権者でさえあった。

　日本文学者の西郷信綱は、平安時代において、夢を見るのは魂であり、「魂は外からやってきて個体に棲みこんだものといってもよく、個体に自生的ではなく、全体から分与されたものだと言い換えてもいい」（『古代人と夢』平凡社ライブラリー）とする。わたしたちは、今夜は見るぞと思って意識して夢を見ることは一般的には不可能である。残念ながら自分の意思が介在して主体的に動かすことができないのである。かつて

の人びとは、夢を本人すら気づかないうちに、魂が現れてくる過程として捉えていた。源氏物語には、うとうととした夢のなかで、自分が相手の所に行き、手を下す姿が描かれたりする。身体は土に帰すが、魂は必ずしも滅びないという考え方を反映したものである。

　近代になり、合理的な世界が支配するようになると、中世のような夢の位置づけは闇に葬られ、現実から一段低い位置に置かれるようになった。つまりは、現実的な側面から排除されたのである。

4.　時間の歪み

　災害が起きた後、共通して叫ばれるのが「復興」の言葉である。通常、復興が対象とするのは、生者であり、見えるものである。見えない死者は排除されてしまう。近代的な時間の支配において、過去から現在、未来という直線的な流れは絶対的なものとして扱われる。復興の過程で、震災以前の過去に生きていた人たちは、現在や未来において生きられない人びととして認識され、社会から存在を抹消される。つまり、第二の死を迎えさせられてしまう。

　子どもを津波で亡くされたある遺族は、息子の画像を通告もなく小学校のホームページから削除された。泣きながら電話をかけ「〇〇は、もう学校とかにいなかったことにされたんですか」と尋ねると、「亡くなった子が写っている画像は削除しろと教育委員会から通達があったので・・・」という回答を聞いて、ショックで過呼吸を起こしてしまった。のちに校長は謝罪したそうだが、この遺族にとって、子どもが確かに「生きていた」証を抹消され、あたかも最初から「いなかった」ように扱われるのは、どれほど胸の詰まる思いだったのか想像がつかない。

　心臓の鼓動がこの世から消えたとたん、生きてきた証すらなかったことにするということは、個々の理屈を超えた近代的な時間管理のあり方

の問題でもあるといえる。そして、わたしたちは、そこに知らずしらず
のうちに押し込められている。生き続けられたであろう命が、突然、絶
ち切られたことと、社会的に抹消されようとする２重の力に対して、夢
はどのような働きをもったのだろう。

　それは、原因と結果からなる因果関係を「逆転」させる力を持つ。
「逆転」とはどういう意味なのか。たとえば、コップを落とし、その結
果、コップが割れる。前者が原因で後者が結果である。過去から現在へ、
現在から未来へ、この時系列（時の流れ）の関係は日常生活で絶対に逆
転しない。その意味で震災における「逆転」を考えると、津波が襲来し、
その結果、愛すべき人が亡くなる。結果は事象の終着点となる。

　津波の被害の遺族の夢には、タイムマシンのように過去・現在を自在
に移動する瞬間がある。塩釜市に住む髙橋匡美さんも、そんなうちのひ
とりである。夢の多くには予知夢や時間の逆転が起こる。匡美さんは、
津波を直接は見ていない。けれども、実家の石巻の沿岸で両親を亡くし
たときから、津波到達までなぜか実家にいて必死に両親を助けようとす
る夢を幾度となく見ている。

　「早く、早く」　匡美さんは２人を急がせる。匡美さんは周囲で渋滞
している車にも「逃げて！！」と叫ぶが、誰も危険が迫っていることに
気づいてくれない。母親が彼女の父の乗った車椅子を押しながら、実家
から東に50メートルほど出た道を歩いている。匡美さんも一緒だ。近
隣の道路は車で渋滞しているので、徒歩で避難することになったようだ。
自分たちは石巻市立病院に向かっている。車の渋滞は近くの門脇小学校
まで続いている。匡美さんの様子が尋常ではなかったのだろう。のんび
りと歩いていた両親が驚いた表情に変わり、夢はそこで覚める。

　「タイムマシンがあったらってホントに思うんです。５分でいいから、

津波の前に戻してほしい。そしたら、助かる人がたくさんいるのに」
（「津波に襲われる夢、おだやかな夢」前掲載書より）

　夢は、コップが割れてからコップを落とすような、結果が原因に先
立って現れることになる。願望が先立ってわたしたちの時間観念を逆転
させる。なぜこのようなことが可能になるのだろう。解き明かすヒント
は、夢をみた人の多くが語った言葉が教えてくれる。

5.　時間が主体

　彼らの場合は、夢は「見る」のではなく、「見させられている」とい
う受動の立場で何かを感じとっている。主体は亡き人であり、残された
人びとに働きかけてくることで不思議な世界が展開されていく。この主
体と客体の逆転によって、時間は人に所有されるものではなく、時間が
人びとを所有する「生き物」となる。
　見せられていることを贈り物（プレゼント）として受けとる遺族も多い。先に、学校
のホームページから削除された遺族の、6年の月日が経ったクリスマス
の贈り物は亡くなった息子と母親からの夢だった。

　写真スタジオでヨシムネくんの写真をたくさん撮影した。亡くなった
母親も夢に出てきて、将来着付けしたらここで写真撮影をすることが私
の夢（希望）なんだよって言っていた。ヨシムネくんはカメラのファイ
ンダー越しで見ると、震災当時の小学校1年生のままなんだけども、写
真で仕上がってみてみると、背や足がすらっと伸びて中学生のような恰
好をしていた。
　「昨夜、お母さんが寂しいってずっと思っていたから会いに来てくれ
たのかもね。神様、素敵なクリスマスプレゼントありがとう。」

　　　　　　　　　　　　　　　（2017年12月25日の日記より一部改変）

　ここでは、小学校１年生のときに亡くなった息子が、中学生となって成長して母親の前に姿を現すのである。

　時間を主体として描いた有名な物語に、ルイス・キャロルの『不思議の国のアリス』『鏡の国のアリス』がある。ルイス・キャロルは、時間と夢をめぐり、意識のある現実とは異なるもうひとつの世界を明示した。

　ルイス・キャロルの研究者でもある桑原茂夫は、『不思議の国のアリス　完全読本』（河出文庫）で、「時計の文字盤を鏡に映すと、針は普通とは逆の方向に動いている」と述べている。時計の針は普通過去から現在、現在から未来に向かって刻む。それに対して、鏡に映し出された時間の刻みは、逆さに映し出されるので、未来から現在、現在から過去に向かう。つまり、鏡にアリスが（夢として）入り込むことは、時間の流れが逆行した世界を生きることになっている。

　遺族が見る震災の夢における時間の流れも、津波の結果を十分理解していて、津波自体を体験していないにもかかわらず、（その後の結果を知らない）亡き人を救出させようとすることが夢のなかで起きる。本書にある予知夢や亡き人が成長していく夢には、過去の記憶というよりも、「未来を記憶する」力が働いている。成長した孫や息子を見守るのも、未来に生きる意志である。また、亡き人が現在という時制を侵犯するかたちで関与し続ける。つまり、「過去を現在進行形にする」力が働いているといえるだろう。

　これら「未来を記憶する」力と「過去を現在進行形に変える」力は、忘却しようとする社会に対して抵抗するものである。

　哲也君は震災後、家族の夢をよく見ている。その夢には今の自分へのメッセージがあるのかもしれないと考えている。というのも、特に、夢の中に妹が出てくるときは偶然にも柔道の試合や中三の部活を引退した

後の受験勉強で塾に毎日通っていて、疲れている時であったからである。だから夢に妹が出てくるときは自分のことを励ましてくれているのだと解釈していた。

また、柔道の試合がある前日には必ず柔道の夢を見る。「たぶん、妹は、『がんばれ』って励ましてくれているんでしょうね。柔道の試合の前に二人が出てくるのは、今でもちゃんと僕を見てくれているからだと思っています」。

哲也君にとって、家族や友人が自分の夢に出てくるときはその存在を忘れていた時によく見るというのでどこか自分に忘れないでというメッセージが込められているのかもしれない。

（「津波に巻き込まれながら夢を見た」前掲載書より）

社会的に「孤立無援」だった遺族に対し、「孤立"夢"援」の存在として、亡き人がそっと温かく手を差し伸べてくれる世界が拓かれる。いつも励ましてくれる妹の存在、いつも気づかってくれる息子の存在、いつも言葉を交わし合う娘の存在である。

夢という他者が確認できないコミュニケーションの数々は、震災によって切り離されてしまった絆を、確かなかたちをもってつなぎとめているのである。夢は過去に起こった事実を自由に「上書き」し、保存することで、二重の死を打ち消す力を生み出している。それは復興に対する明確なアンチテーゼとなりえるものである。

6. 親鸞の夢理解

夢は実は災害と切っても切れない関係にある。それは歴史が証明している。哲学者の亀山純生は、『〈災害社会〉・東国農民と親鸞浄土教』（農林統計出版）のなかで、親鸞を介在させながら夢の位置づけを解き明か

している。親鸞が生きた時代は災異改元が度々行われ、飢饉や大火、地震、水害といった災害による死と隣り合わせだった。つまり、元号を度々変更しなければ、災いから人びとが逃れることができないというほど頻発する時代でもあった。

そこでは、中世の夢信仰が、災害による突発的な死や自分は生き延びたという罪意識、自分が今後どのようにすればよいのかわからないという不安を背景に、夢で冥慮（あの世）から何かお告げを請うことで人びとは救われた。いわば、災害社会での緊張感や不安感を夢の信仰によって克服させようとしたのである。たとえば、夢告は死後でなければわからない極楽浄土を、現世でその予兆として確認できる手段として、希望をつなげることができた。

東日本大震災では、親鸞の時代と似たような状況が生じている。夢を聞き取っていくうちに、実に多くの人びとが予知夢を見ていることがわかってきた。

秀和君が登場する夢には、不思議な話がある。由美子さんだけでなく、兄たちや由美子さんの妹も、よく秀和君の夢を見ていた。違う人が見ているのに、秀和君の夢には、みな一様に時間制限があるのだ。「妹が見た夢は、秀があと何分しかいられない、っていう話だった。お兄ちゃんが見た夢は、秀に『大丈夫だったのか？時間いいのか？』って聞いたら『ちょっとだけね。神様がちょっとだけ時間をくれたんだ』って答えたんだって」生に執着がなくなり、いつ死んでもいいという気持ちは、震災直後とそう大きくは変わっていない。ただ、いつか秀和君にもう一度会ったとき、恥ずかしくない母親でいたい、と考えるようになった。

（「映画のように遠くに見える息子の姿」前掲載書より）

　夢には、どうやらあの世とこの世をつなぐ世界が広がっているということが、親鸞が生きた中世だけでなく、今わたしたちが生きている時代にも共通することがわかってくる。震災で残された遺族がこれからどのように生きていけばよいのか懊悩（おうのう）しているときに、誰の言葉よりも亡くなった人びとからの啓示や暗示は、生きる希望にもなっている。

参考文献

市村弘正、2004、「夢の弁証法」『[増補] 小さなものの諸形態―精神史覚え書』平凡社ライブラリー：193-201

亀山純生、2012、『〈災害社会〉・東国農民と親鸞浄土教―夢から解読する"歴史に埋め込まれた親鸞"と思想史的意義』農林統計出版

金菱清（ゼミナール）編、2018、『私の夢まで、会いに来てくれた―3.11亡き人とのそれから』朝日新聞出版

河東仁、2002、『日本の夢信仰―宗教学から見た日本精神史』玉川大学出版部

桑原茂夫、2015、『不思議の国のアリス 完全読本』河出文庫

宮沢賢治、1969、『銀河鉄道の夜』角川文庫

劉文英、1997、「盲人は夢を見るか」『中国の夢判断』（湯浅邦弘訳）東方書店：263-267

西郷信綱、1993、『古代人と夢』平凡社ライブラリー

13 | 霊性論

《目標＆ポイント》 なぜ、災害において夢や幽霊が重要な位置を占めるのか。夢も幽霊も、こちらである生者から働きかけても立ち現れるようなものではない。あちら側から到来する存在である。時制も現在進行形しかない。たとえば、夢には仮定法未来や過去形、反実仮想も存在しない。過去＝現在＝未来が同一次元として存在するのである。

それはまるでタイムマシンのように、過去・未来を自由自在に駆けることができるのである。この無時間性をもたなければ、過去において死者となり、現在において存在せず、未来において成長もせず停滞しているということになる。しかし、夢の世界は、時間性をもたず、現在進行形でのみ知覚される。その意味では、過去の死者が今の時制を侵犯でき、これからも成長ができる世界をつくり出すことができる。結果、「永遠性」＝霊性を獲得できるのである。

《キーワード》 現在進行形の時の刻み方、霊性、永遠の時

1. 再・記憶

第11章の幽霊と第12章の夢を貫く、テーマについて考えていきたい。幽霊や夢に通底するものを考えたとき、すなわち、この死者と生者の織りなす"あわい"の世界である。あわいとは、「間」と書いて、この世とあの世との中間的な領域のことを指す。

死者が、死んで過去の存在として過去形や過去完了形で語られるのではなく、"現在進行形"であたかも生きているかのような人びとのふるまいは、幽霊との邂逅の先に本来は存在しないものを立ち上がらせる。

このことは何を意味するのか。ともすれば、非科学的だとして排される事象について、その他の領域から迂回して考えることで、あわいの世界を拓いてみよう。

　たとえば、震災後数多く出された文学作品を拾ってきた言語態分析者の木村朗子は、『その後の震災後文学論』のなかで、次のように展開している（木村 2018）。すなわち、「過去の時間に属するはずの死者たちが、現在に突如、挿し入るようにして存在を現すのである。つまりここでの死者は、過去という終わった時制からの回帰（revenant）としてではなくて、過去からひきつづき現在時に存在し続けている状態」（同上：166）として描かれている。

　彼女は、デリダに寄せながら、死者を自らのうちに取り込まずに、喪の作業の体内化の過程を拒絶し、他者を他者のままに生きている死者として持ち続けることを積極的に評価している（同上：169-171）。

　災害によって突然、「さよなら」も伝えず、そこから立ち去ってしまった不在者たちである。そこには到底納得のいかない人びとがいる。実家の柱に殴り書きをするかたちである女性は、「お母さん　お父さん　もう一度だけでいい　会いたいです。さびしいです。苦しいです。辛いです。」と書いた。第三者的立場に立って亡くなったことをたとえ伝えたとしても、それは当事者にとっては何の意味ももたない。

　つまりは、客観的な死の通知は、当事者の意識の変更をなにひとつもたらさない。脳死や心肺停止などの生物学的な死と、それとは異なる感知が本人の気持ちを通してあるということは、わたしたちは既存のものとは異なる宗教観をもち始めていることを強く感じさせる。その思いをくっきりさせるために、ひとつの小説を紹介しよう。

2. 「さよなら」を伝えるための時間の猶予保障

　『送りの夏』という三崎亜記の短編小説がある。麻美という少女の母の晴美が突然失踪してしまうのだが、彼女が母親のことを探しているうちに男の影がちらつく。子どもにはわからない大人の事情というやつである。手帳から探り出した手掛かりをもとに、無鉄砲な子どもの勢いで小さな海沿いの小さいまちにやってくる。そこで母に会い、直樹という男性を紹介されるが、直樹は車椅子に乗っていて、声をかけるが身動きひとつしない。

　彼女が訪れた若草荘で出会う人びとのなかには、それぞれまるで「死体」のように動かない人がいる。それもそのはず死体だからである。海里くんの両親は、「海里、よかったな、お姉ちゃんが出来て。遊んでもらえるぞ」と声をかけるが、海里くんは精巧につくられた人形のように身じろぎひとつすることはない。夕飯時も、当然とばかりにお皿をきっちり10枚、動かない彼らの分も含めて全員の分の食事が用意されるが、手をつけられることはない。彼らが動かないこと以外は、いたって普通の生活がそこにはある。

　ある日、家族から「明日は…、うちの海里を、お願いできますか？」というかたちで"終の送り火"が決まる。満月の夜に、波打ち際に下ろされた舟に海里君が乗せられ、彼の周りに、果物やおもちゃ、読み聞かせをした本が並べられ、舟が両親の手によって出航される。舟は、静かな波に揺られゆっくりと沖に遠ざかっていくが、別れのときを躊躇するかのように、波の起伏とともに行っては戻るを繰り返す。やがて、風に吹かれた舟は、徐々に離れていった。

　小説なのでフィクションではあるが、この小説には今回の震災を捉える際の重要なモチーフが込められている。死者が亡くなっているのは誰

しもがわかっている。しかし、あたかも生きているかのようにふるまい、そして自分たちが"納得いく"かたちで死者を送り出す物語なのである。

　制度上の宗教的儀礼とは対極にある。肉体的な腐敗に合わせて死者を足早に送り出すのではなく、ある程度この世にとどまったうえで、時間的猶予を置いて死者を送り出す＝死を受け入れるプロセスを小説のなかでは重視する。もちろん、これは肉体が死後腐らないという前提である。震災の現場で出会った人はこれに近い感覚にある。

　死者が死んで過去の存在として過去形や過去完了形で語られるのではなく、"現在進行形"であたかも生きているかのような人びとのふるまいは、本来は存在しないものを立ち上がらせる。

3. 記憶型の慰霊碑

　幽霊もあの世（彼岸）に送ってその存在を抹消してしまうのではなく、時間的猶予を置いて死を受け入れる隙間を時空間に与えている。宮城県全域の慰霊碑を調べた共同調査者の菅原優は、閖上の慰霊碑の形状のみがまず斜めを向いており、他の垂直に立っている慰霊碑と異なっていることに気がついた（「生ける死者の記憶を抱く」『呼び覚まされる霊性の震災学』）。それだけでなく、「平成23年3月11日　午後2時43分　東日本大震災の津波により犠牲となった生徒の名前をここに記す」という言葉のみで誰かに宛てられたメッセージ性は碑文にはない。

　阪神・淡路大震災の慰霊碑を調査した社会学者の今井信雄は、2種類に分類した（今井 2001）。亡くなった人に向けられた「追悼」型、これから生きる人に向けられた「教訓」型である。それと比べると、どの型にも当てはまらない。菅原は閖上の慰霊碑を「記憶」型と別タイプの類型をつくり、子どもたちは神様ではないから、拝んでもらう必要もなく、献花台も焼香台もあえて設けるようなことはしていないのだ、という遺

族の言葉を聞き出している。距離をもって手を合わせて拝む対象ではなく、自分たちの子どもたちが生きていた証として、わが子を記憶し続けるものと、彼らを社会の記憶に留めおこうとする。

　そして、彼はこの記憶型慰霊碑の意味について分析を進め、死者をあちら側に祀りあげて拝むような対象ではなく、慰霊碑を肌で触れていることに気づく。まるで生身の人間に語りかけるような優しい言葉で、遺族が慰霊碑に接するときに亡くなった家族との距離をなくし、慰霊碑を抱きかかえるように両腕で抱擁していることに着目した。追悼型の過去形でも、教訓型の未来形でもなく、現在進行形で親子の記憶を疑似体験しているかのように、わが子を忘れてほしくないという願いと、今なお生きる子どもたちの記憶との狭間で、揺れ動く遺族の想いにかたちを与えたものが、記憶型の慰霊碑だと新たな位置づけを加えている（菅原2016）。

　また、宗教学者の佐藤弘夫は、たとえば、東北地方に分布するムカサリ絵馬をあげている。この絵馬は幼くして夭折した未婚者が新郎新婦としての晴れ舞台として絵が描かれる。それは、不条理にも自分より早くこの世を去った子どもたちのもっとも輝ける瞬間を絵馬として切り取ることで、故人があの世で伴侶を得て、永遠に至福の時間を生き続ける証としていると紹介する（佐藤2015）。東北地方で震災後も広く見られ遺族に頼りにされた口寄せの儀式と重ね合わせると、幽霊を受け入れる素地は元々東北の文化にあったとみることができる。1995年に生じた6,434名が亡くなった阪神・淡路大震災ではほぼ幽霊現象は報告されていないのは、同じ災害といっても、東北地域という文化的素地と行方不明の多寡によって異なってくるといえる。

　ドライバーと乗客は元より無関係の間柄であるが、自分の体験した関係者を亡くした被災体験と重ね合わせながら、「これだけ被災している

のだから幽霊が出てきてもおかしくないし、たとえ出てきた場合にもその気持ちがよく分かる」という温情的な関係づけが東北の石巻地域という閉じたコミュニティのなかに醸成されている。このよく分かるという共有（シェア）は、深い慈しみによって支えられているものであるが、いわゆる欧米でいうシェア概念ではないところから発している。

4．埋め込まれた「シェア」

　というのも、欧米で使われるシェアという言葉は、とりわけカウンセリングやグリーフケアの場で援用されている概念で、ひとりで抱え込んでいては悩みを個人の闇に閉じ込めてしまうことになるので、体験を同じくする複数の人との間でそれをスピークアウト（告白）し他者に開示することで、問題を共有することにある。いわば、技法としてのシェアが多用されている。

　しかし、アジア的な感覚としてのシェアは文化的に異なってくる。たとえば、欧米をまわっていて注意深くレストランなどの様子を観察していると、たとえ夫婦でいる場合であっても選ばれた食事は各個人に配膳されて、量がかなり多いにも関わらず、基本的に夫婦間でシェアされずに、その味のみをひたすら楽しんでいる。たとえ飽きても、相手の食事に手を出すことはない。したがって、相手が旨い／不味いといわれても、それを言葉からしか推定せざるを得ないので、感（味）覚的にはわからない。

　他方アジア的にはどうだろう。鍋文化に特徴的に表れているように、ひとつのもの（鍋）をつつき合ったり、中華料理のように多くの円卓でもって小皿に取ったりして回して食す。つまり、ひと通りの食事をその場にいた人が共同で食すことで、その食事の味がすべての人に共有されていることになる。

　また、知り合いの人の間でこういうことがあった。妻が日本人、夫がオーストラリア人の夫妻が、ママ友つながりで外で旦那や旦那の親のことを話していた。すると、白人の友人や旦那からはどうして家のプライベートな事柄を、他人であるママ友に話すのかと怪訝な顔をされたというのである。この背景には、たとえば、日本的な感覚からいえば、「井戸端会議」のような場所で旦那や姑などの愚痴をいって、それがよいガス抜きになっていることを知っている。知っているのであえてそこには口を挟まずに、むしろ暗黙裡に称揚されているとさえいえる。すなわち、「井戸端会議」システムは、気持ちをシェアするための隠されたシステムであるといえる。

　他方、個人主義的な考え方では、すぐに何かを話したり、すぐに他人と共有する文化はあまりさかんではなく、カウンセリングや教会で"あえて"告白することで、はじめてプライベートなことがパブリックに「シェア」される傾向にある。つまり、アジア的な感覚ではわざわざシェアという概念を用いることなく、埋め込まれたシェアが井戸端会議など至る所でもって、「それわかるというかたちで」共有されているといえる。

　したがって、この幽霊話がマスコミで取り上げられても、とりわけ石巻ではすでに既知のこととして埋め込まれたかたちで共有されていたので、今更何を騒いでいるのかということで落ち着きをもって受け止められていた。つまり、死を悼む気持ちが呪いや恐怖などの気持ちよりも上回っていることは、タクシードライバーの職が石巻という閉じられた地域にあり、悲しみがその地域コミュニティに暗黙裡に共有されていることからもいえる。

5. 霊性のなかにある永遠性

　過去の時間に属するはずの死者たちが、過去から引き続き現在時に存在し続けている状態は、何を意味するのか。このことを積極的に展開したのは、日本の伝統芸能である能楽である。

　今泉隆裕はお岩や累物などの祟りや怨言を主とする歌舞伎と比べて、能は温厚な死者観を分析した（今泉 2009）。能の庇護者である武士は、殺生を生業として十分祟りに怯えたり身に覚えがあったりする人びとであったので、苦しむ死者という温厚な死者を舞台化したのだった。

　さらに、能楽師の安田登の『異界を旅する能』（ちくま文庫）によれば、能の中心をなすのが幽霊である。能楽にはシテと脇役の語源であるワキがある。シテである幽霊による神話的時間を体感して、人生をもう一度リセットできる可能性を指摘している。安田によれば、漂浪している旅僧侶が花の由来を通りがかりの人に聞く。つまり、当初は、脇役のワキである生者のとき（の流れ）が優位に立って展開する。実は、花の由来を話してくれる人が武士の幽霊である。舞台の袖に戻って再来したときには、能面を被って夢の中で再会する。そして語り始めるのである。つまり、後半になって、ワキとシテの立場が逆転し、シテである死者が立ち現れて、ふたつのときの融合が始まる。能楽独特の世界で、「いまはむかし」という表現が出てくるが、考えてみると、今の時制と昔の時制が交わることはない。ところが、幽霊を介在させてふたつの時制が共在することになる。

　安田は、ワキがいるときを「順行する時間」と呼んで、われわれが日常生活で実感する過去から現在、そして未来へと進む。それに対して、シテが操るときを、「遡行する時間」と呼んで、現在から過去へと遡る営みを生きようとする。

　この遡行する時間は、第12章で扱ってきたまさに夢の世界そのものである。まるでタイムマシンのように過去・未来を自由自在に駆けることができるのである。これは、「いつかどこか」という未来の措定に対して、過去の人が「今は昔」というかたちで、いまここに遡行する時間が侵入することを意味する。

　ここでのワキの重要な役割は、無為の為として聞き役に徹することにある。ワキは自らが欠如の人間として漂泊することによって、この世とあの世をつなぎ合わせる存在である。そして、異界と出会うことによって、人はもう一度「新たな生を生き直す」ことができるのである。夢を抱き、今を生きる人びとの姿や、幽霊をみる世界と能のあわい世界が見事に符合する。

　まるでタイムマシンのように移動できるというのは、いつでも過去や現在に今すぐに行けることができるために、「いま、ここ」という意味で現在性しか保持せず、いわば時間をもたないともいえる。夢の生理心理学者である渡辺恒夫は、現象学の立場から時間に関する３つの重要な指摘をしている（渡辺 2010）。

　まず、夢には仮定法未来という次元がないと考えている。眠る前には、「もし」というかたちで未来に対する仮定法として考え、予期している。ところが、夢の世界ではすべてが現在形として起こっていることとして知覚している（同上：202-204）。次に、夢には過去形がないと考えている。事故などの反復夢を繰り返し見た場合、昼間の現実の世界では、夢見者は、事故のことを想起し回想するが、夢の世界では、現在のこと（今ここで起こっている現象）としてのみ体験し、知覚する（同上：204-206）。そして３つめに、反事実的条件法が存在しないと考えている。日常生活では、「もしも、Ｘならば、Ｙだろうに（現実はＺだ）」という、願望と悔恨をともなった反実仮想を行っているが、夢の世界では、

過去についての反実仮想もまた、現在のこととして知覚され体験されて
しまう（同上：206-209）。

　他方、残された遺族は、現実の世界では、二重の世界に生きている。
「〜たられば」のifの仮死世界である。地震ではなく、津波で亡く
なったということは、地震から津波襲来までに逃げる時間があったとい
う問いである。すなわち、津波による死は避けられたのではないか。
「もし自分が〜していたなら家族は今頃生きていたのではないか／いや
生きていたはずである」という、自問自答が繰り返される点が特徴的で
ある。

　客観的にみれば、同じ生物学的死であるが、遺族にとってみればその
死は「〜たられば」の世界で構成されている。「金曜日（地震当日の曜
日）ではなく、翌日の土曜日だったら…」「津波が沿岸側だったら、津
波からすぐに逃げていたのに…」「在宅ではなく、仕事に行っていたら」
「（前年の）チリ沖地震がなければ（安心しなかったのに）…」「自分が
いたら（助けたのに）…」「溺れて苦しんだのではないだろうか…」等
の、遺族による無数の悲痛な言説に出会う。本書の第１章の第４節にも
述べたように、遺族は不可逆な生物学的死と、「死んではいないのでは
ないか」という可逆的なifの未死の間を揺れ動くことになる。それは
鎮魂されてはじめて安定するはずの魂が、浮かばれないという意味も含
んでいる。このような彷徨える魂と、遺族の二重の不安定さは、残され
た遺族を彼岸の世界へ誘う呼び水ともなる。

　もし、そのなかで時間をもつことになれば、過去において死者となり、
現在において存在せず、未来において成長もせず停滞しているというこ
とになる。けれども、夢の世界は渡辺の考え方を適応すれば、時間性を
もたず、現在進行形でしか知覚し得ない。その意味では、過去の死者が
今の時制に侵犯でき、これからも成長ができる世界をつくり出すことが

できる。その意味では、「永遠性」を獲得できるのである。

6. この世にないものとの関係性

　なぜこれほどまでに幽霊や夢に対して、人びとは関心をもつのか。災害は視覚的に見えやすく、物理的なモノの破壊である。科学的な因果関係が特定化されやすい。それに対して幽霊は、科学的なものでは補足できないが、あるかもしれないという不確かさを残し、われわれが亡くなればどこにいくのか、どうなるのかについて、普段は意識しないことが喚起されるからであろう。完全には否定しきれないところに、何らかのみえない力が働いていると、人びとは実際に感じ取っているし、そこに期待もしている。

　夢や幽霊はこちらの生者から働きかけなくても、向こうから来てくれる。これは生きている側から書くのとは根本的に異なってくる。向こうからやって来る者の存在を感じたり、声を聞き取るためには、柄谷行人はマルクスの言葉を使って、死者を感じるためには、モノそのものが在るように存在するのではないので、「抽象力」が必要だといっている（柄谷 2014）。モノの関係が在るような世界である。

　いとうせいこうの『想像ラジオ』も、被災地をモチーフに描かれた小説だが、死者の DJ が亡くなったであろう人から届けられるメッセージを、音楽と共に想像という電波を使って放送する。無為の為として耳を澄まして死者の声を聞き取ってみるならば、そこには時空を超えたわたしたちの死生観が拓かれるのだろう。つまり、霊性の奥底には、通常は理解できない「永遠」の感覚を実感できるのである。

　霊性は、宗教ともまた異なる。この差異を、若松英輔は、司祭の言葉を借りながら、手を開いたときに、掌は霊性の場で、指がそれぞれの宗教だとして、霊性と宗教は離れないけれどもつながっていると語ってい

る（若松 2015）。つまり、夢や幽霊は現象であって、特定の宗教に結び
つけず、さらにその奥にある源泉をわたしたちは、震災を通じてみる必
要が出てくる。

参考文献

今井信雄、2001、「死と近代と記念行為―阪神・淡路大震災の『モニュメント』に
　　みるリアリティ」『社会学評論』51（4）：412-429

今泉隆裕、2009、「幽霊能の一考察―「苦しむ死者」観の採用についての覚書」『日
　　本文学誌要』79：90-101

いとうせいこう、2015、『想像ラジオ』河出文庫

柄谷行人、2014、「『想像ラジオ』と『遊動論』（いとうせいこうと対談）」『文学界』
　　1月号

木村朗子、2018、『その後の震災後文学論』青土社

三崎亜記、2005、「送りの夏」『バスジャック』集英社：139-228

佐藤弘夫、2015、『死者の花嫁―葬送と追想の列島史』幻戯書房

菅原優、2016、「生ける死者の記憶を抱く―追憶／教訓を侵犯する慰霊碑」金菱清
　　（ゼミナール）編『呼び覚まされる霊性の震災学―3.11生と死のはざまで』新曜
　　社：25-48

若松英輔、2015、『霊性の哲学』角川選書

渡辺恒夫、2010、『人はなぜ夢を見るのか―夢科学四千年の問いと答え』化学同人

安田登、2011、『異界を旅する能』ちくま文庫

14 │ 原発災害

《**目標＆ポイント**》　本章では、トリプル災害といわれた東日本大震災のうち、原発災害を取り上げる。原発災害は、他の災害と比して戻るべき生活のスタートが長期にわたって決まらない、決められない宙づり状態にある。避難生活を強いられ、はじめての都市の暮らし、そこには匿名性でありながら、誰かに常に見られている「まなざしの地獄」がある。そのなかに自己を置き、生活の未歴を消しながら、ひっそりと孤立した暮らしを送らざるをえなくなった。「未来」のみえない「現在」に帰するよりは、先祖やかつて生き生きとした暮らしがあった「過去」にとどまろうとする場合もみられる。避難の解消や賠償補償が、必ずしも原発被災者の生活再建と結びついていない現実がある。

　そのなかにあって、放射能と"共存"する智慧が現場から出てきている。普通、放射能を忌避すれば済む話であるが、それを真正面から受け止めるとはどういうことか。目をそむけたくなる現実と向き合い、抽象的な共存ではなく実存レベルでの共存とは何かを考える。いわば放射能を飼い馴らす作法である。

《**キーワード**》　アイデンティティの不在、イシューとコンテキスト、受難、放射能との共存

1．ミナマターフクシマ

　「「俺らは何だ？」と、仲間のうちでは、そういう話がよく出る。「俺らは何だ？」というときに、たとえば事故の前は「パーマ屋だ」とか何とか表現できたわけだけども、それがいきなり「被災者」になってし

まったんですよ。今や冠のない、この被災者という立場から何を言うべきかという、きつい状態に追い込まれている」(市村 2013：287)。

　自分が何者なのかというアイデンティティの不在、そして、原発事故の爆発の映像から始まり、同心円状からよく見慣れた鳥瞰図であるところの飛散状況に即した区域図（警戒区域や計画的避難区域など）まで、まるでわたしたちが鳥の目線で暮らしているかのように、まなざしている視線がそこにはある。そこから振り下ろされる「フクシマ」や「被災者」のカテゴリーからは、土を触って生業をしていたり、お客さんの髪をパサパサとリズムよく切る理容師といった、人間の快活に生きる姿は想像もつかない。

　今ほとんどのメディアや論考が、フクシマという規模の大きさから、ものが語られている。しかし、これらは初めての事象の切り取り方ではなく、たとえば公害事件として知られている「水俣病」でも歴史的に垣間みられる。環境社会学の分野では、被害という一面だけで、人間を捉えるとするなら、それは「まるごと対象を捉える」という、フィールドワークの原則からはずれてしまうことを指摘している。

　環境社会学者の寺口瑞生は、環境問題が社会的イッシューとして焦点化している現場においても、いやそうした現場であるからこそ、人間を一枚岩の環境被害者として捉えるのではなく、トータルな生活者として把握する必要性が高まっているという（寺口 2001：251）。つまり、わたしたちはこの「イッシュー（問題化された問題）」というものを、原発・フクシマ・避難者のようなかたちでたいへん重要視して語ってきた、それはそれで大事である。それに対して、「イッシュー」の裏側にある「コンテキスト（文脈・状況）」を中心に、人と生活環境のかかわりをみていかなければ、事の本質を見失ってしまうということである。

2. 時間と空間の剥奪

　原発災害とは何か。それは原発立地のあり方と、大きくかかわっている。事故前に安全だと主張しても、万が一のことや反対運動を避けるために、できるだけ人口規模の少ない土地に、原発施設を集中的に立地させることになる。

　そのため、都市部などの人口稠密地帯ではなく、いざ原発事故が生じた場合は、第1次産業である農林漁業を主とする立地市町村を襲うということになる。被害を受ける住民の目線に落としたとき、第1に震災前後で時間と空間の剥奪による身体リズムの崩れによって、生活破壊が生じ、自分が何者であるのかわからなくなるということである。

　ある男性は、「野菜が高くこんなにマズイのか」と、以前から旨くはないと理解していたが改めて思い知ったという。農林漁業などの第1次産業に従事していた人びとを中心に、仮設や臨時のアルバイトなど、暮らしそのものが震災後激変した。農業に従事していたこの男性は、自分のところで新鮮な野菜を育て取って食べていた。それが、原発事故後避難指示解除準備区域（福島県川俣町山木屋地区）の住民は、野菜をつくっても放射線量の影響から食べることもできず、お金を出してわざわざスーパーで買う。

　しかし、とりわけ大型スーパーで買う野菜は、本来の旬のピークで味わうのではなく、品薄を恐れ仕入れ段階で安定供給を最優先させるために、前もってストックしスーパーの冷蔵庫に置いて寝かせておく。その結果、本当の意味での取れたての新鮮さがなくなり、旨みが自分たちでつくるものに比べて落ちてしまう。生産者としてわかっていたが、いざ消費者側に回ってみると、そのことについて身をもって体験したのである。

　時間の生活リズムの刻み方は、原発事故前は天候に合わせての暮らしであった。それはよいことばかりではなく、自然（おてんとうさま）の都合に合わせるので、３年に１回の頻度で冷害にあう。その対策として、タバコや酪農、花卉（トルコキキョウ・小菊）など多品種に分散させながら、冷害への対応を行う。うるち米や草類を使って凍らせ乾燥させた凍み餅などの、保存食文化も発達させてきた。

　そのような中学卒業以来農業一本でやってきた暮らしのあり方は、事故後一変する。農業を離れ、68歳の男性は初めて大型モータなどの機械部品の洗浄のアルバイトに携わり、慣れない８時間労働を体験することになる。これはかなりきついという。仕事の辛さではなく労働の質の変化が大きいからである。

　農作業の合間には、暑さを凌ぐために２、３時間草屋根のあるところで昼寝や休憩し、雨が降れば骨休めをし、常に自然のサイクルに添わせながら身体を休めることができる。山や空の動きを観察しながらの暮らしであった。それが震災後、昼食や休憩を除いた労働を、たとえ雨が降っても暑くても継続して行い、常に時間に拘束された都市的生活を経験することになる。

　原発被災地では、人びとが肥満になったという話を事あるごとに聞いた。食事や仕事で健康的な暮らしをしていたものが、事故後畑仕事をすることによって適度な運動として成り立っていたものがなくなり、外食や惣菜などをスーパーで買ってきて食べる中食が増え、たちまち体重増となってカロリーが蓄積していくことになる。このような身体的変化はそれだけにとどまらず、ときには精神的なものにも影響を及ぼしている。

3. まなざしの地獄

　原発避難とは何か。そこには直接的な放射能の被害は少ない。しかし、原発事故から派生して避難生活のなかで食材や衣料を要領よく選べないことや、常に避難先で周囲の目を気にして暮らさなければいけない生活が待っていた。いつ終わるともしれない避難生活が、彼女ら彼らの未来を閉ざすことになる。普段、当たり前のようにやっていたことが、環境が変わることによって、身体がついていかない歯がゆさやぎこちなさ、誰も知らないところで、自分のふるまいがあざ笑われているのではないかという過重な重圧を感じることになる。

　避難生活を強いられはじめての都市の暮らし、そこには匿名性でありながら、誰かに常に見られている「まなざしの地獄」（見田 2008）がある。そのなかに自己を置き、生活の履歴を消去しながら、ひっそりと孤独の暮らしを体験させられた。「未来」のみえない「現在」に帰るよりは、先祖やかつて生き生きとした暮らしがあった「過去」にとどまろうとする場合もみられる。

　震災関連死や原発関連死は、派生的な間接的な死というよりも、生活のコンテキストから孤独の体験を通じて、震災や原発事故へストレート（直接）に矢を射る性格を備えているともいえるだろう。

　このような原発災害における厳しい現実を直視しつつも、再生のヒントとなるものを、できるだけコンテキストとして抽出し、原発災害の複合被災の再生を考えてみる。その際、以下、花弁業のトルコキキョウと有機農業というふたつの局面から、未曾有の原発事故に対処するための思想を問いたい。

4. トルコキキョウにおけるノサリ

　とりわけ、水俣から福島へと至る経験のなかでどのような苦難が、「受難」として人びとに引き受けられてくるのかをみてみたい。

　水俣病には、広く知られているように「ノサリ」という言葉がある。たとえば、水俣病患者の杉本栄子さんは、水俣病に罹患し、暮らしていた村から爪はじきにされて、まわりが次々に奇病にさらされて、自分も神経麻痺になる。ここまで追い込められたにもかかわらず、彼女は、水俣病になって本当によかったと語っていた。水俣病は豊漁（＝宝）ノサリだという。その理由を彼女は、自分がいまこうしていられるのも水俣病のおかげで、たくさんの御縁をいただいたり、いろんなことを知ることができたのも、経験できたのも、水俣病になってからだと語る。「チッソの社員も人間、わしらも人間。同じ人間として命を殺した罪を償っていこうや」。加害者も人間、被害者も人間、人間を信じねば、どうやって何を解決するのかと彼女は考えていた。「許す代わりに、水俣病を全部私たちが背負うていきます」（石牟礼 2014）。

　作家の石牟礼道子は、水俣病から人間のもつ可能性を紡ぎ出そうとした。つまり、それは苦しみ、悩み、悲しみ、堕ちようもないほどのどん底に堕ちたとき、そこに見い出された人間のなかに生まれてくる光、慈悲を描いたのである。

　被害者の側で闘っている人たちのなかには、人間を信じていない人がたくさんいる。しかし、加害者も人間、被害者も人間、相手を憎み、恨み続けたら、いつか自分が加害者になってしまうかもしれない。同じ弱さをもつ人間として、ともに苦しみ罪を償うことで、憎しみの鎖を断ち切れること、人間にはそれができることを彼女たちは実感する。

　どうやら、受難には、一方的に受け身にならされるというものではな

いことがわかる。人びとの生き方を内性から見つめ直す転向力が含まれていることがわかる。つまり、引き受けることの積極的な意味を含んでいる。次に、東日本大震災における事例を掘り下げて具体的にみてみよう。

　福島県飯舘村に暮らす佐藤照子さんの心は揺れていた。突然、国から福島第一原発事故による計画的避難の指示があり、飯舘村から第一陣が他県へ避難したという報道を聞いたり、若い人たちが避難したという話が聞こえてくるからである。また、原発事故直後の４、５月は避難をめぐって苦悩することとなった。

　照子さん本人は、村外への移住は望んでいなかった。それは放射線量の高低よりもむしろ、「仏様がいるじゃないですか、父や母やお祖父さんや、それ以前の御先祖さんがここに眠っているわけだから、それをほっぽりなげていくことは…」という考えをもっていた。田畑や農地を先祖からの預かり物と捉えているからであったが、単にそれだけで悩んでいるのではなかった。

　照子さんは飯舘村の主要産業である畜産業と、飯舘村特産のトルコキョウの花卉園芸を家業として営んでいた。地震にあったが、停電していたためテレビ、ラジオなどの情報がないまま、放射性物質の飛散が最も多かったとされる３月15日も日中は屋外にいた。「原発が爆発したから危ない」と息子に注意されて我に返り、不要不急の外出を控え、外出の際はオーバーを着て帽子をかぶり、手袋をするようにした。

　その後、風向きや雨の条件によって福島第一原発の北西側に放射性物質が高濃度に集中していることが次々に報道され、その方角に飯舘村があった。上下水道の敷設されていない比曽地区では、沢の水を飲用にしており、汚染に対する警戒感は微塵もなかったが、村から、沢の水を飲んではいけないと救援物資の飲料水が配布された。

　4月11日、村が計画的避難区域に指定されたあとも、照子さんはなぜか農作業に従事していた。「そんなに飯舘の放射能数値は悪いのかな」と半信半疑でいたという。その一方で、事故前の1月に種を播いたトルコキキョウを、2、3月には暖房施設に定植して苗を育てていた。米やタバコ、ブロッコリーなどの露地栽培は放射能汚染のために不耕作と決定されたが、花卉園芸用のトルコキキョウはハウス栽培で土壌も汚染されていないので大丈夫だろうと考えていた。

　事故後の3月下旬〜4月上旬にハウス3棟で1本1本丁寧に定植を行ったが、4月中旬頃に花卉も不耕作という通知を受けた。しかし、定植を終えて土壌に根づき、青々と育つ苗を枯らせることができず「助けたいなあ」と雑草をむしったり水をやったりしていた。そのうちに、国が指定した5月末日の「計画的避難」の日が迫ってくる。5月初めに、借り上げ住宅にも家賃補助が出ると知ると、知人を通じて福島市内にアパートを借りた。

　アパートを決めたからといって、即座に移れるわけではなかった。親牛を6頭、子牛を6頭飼っていたので、放射能のスクリーニング検査を済ませ、牛の世話をしながら5月23日の全頭出荷を待ち、それから福島市へ行くことになった。生まれて間もない子牛もいたので、出荷は言葉にできないほどの悲しみであった。飼っていたペットの犬も引き取り先を探す手続きを進めた。そして、これらがすべて終わった6月4日に、飯舘村の自宅の鍵を閉めた。

　花の出荷時期である夏のお盆までに戻ることはできないだろうと判断した照子さんは、避難までの間に、耕耘機でトルコキキョウを畑にすべて鋤き込んでしまった。それには大きくふたつの意味が込められている。ひとつは、このまま放置してキキョウが生き残っても、雑草が繁茂しハウスの中が荒れてしまうこと、花を咲かせることができないのであれば、

自らの手でキキョウの命を全うさせたいという想いである。

　もうひとつは、放射能は無味無臭・無色透明かつ即座に健康上影響はないため、このまま普通の生活を続けることもできるが、国の指定した期日までに避難しなければならない。気持ちの上でどこかで一線を引かなければ、このまま「ずるずるいってしまう」からであった。自分を納得させ、避難に向けて気持ちを奮い立たせるための自助努力であった。それを、照子さんは諦めるための「区切り」だと表現する。

　この区切りはもちろん、半永久的に村を離れるという意味ではない。"一時的な"離村を決意する区切りである。したがって、福島市内に引越をした後も故郷に関心を寄せ続け、牛や花を処分した後も、農機具や軽トラック、トラクターなどすべてが気になって夜も眠れず、2、3日に1度は帰村していた。しかし、放射線量が高いため草の刈取りなどは村から禁止されており、草が2ｍも伸びて荒れた故郷を見るにつけ、落胆を隠せなかった。

　照子さんの話にじっくりと耳を傾けていると、ある論理（ひいては思想）が一貫して流れていることがわかった。飼養していた牛も、ハウス栽培のトルコキキョウも、話の端々に「かわいそうだ」「（命を）全うさせてあげたい」という言葉が必ずついてまわる。牛も花も、経済的価値ではかれば、商品生産である。事実、牛は肉牛として処分され、トルコキキョウは切り花となって出荷される。経済的な損失は東京電力や国から補償がなされる。

　しかし、実際にはそのように割り切れるものではない。むしろ、牛や花という生き物に対して、過剰とでもいえる想いがあり、その想いが照子さんたちの心を大地（村）につなぎとめている。ここに、なぜ被災者が事故後となってもなお"非"居住区域に戻ろうとするのかを、読み解くヒントがある。

　照子さんの家が営んでいた畜産業は、家畜人工授精師の資格をもつ息子さんが繁殖牛の母牛を人工授精させ、10か月かけて子牛を肥育し、それを出荷するというものであった。飯舘村には、和牛農家が249戸あり、飼養頭数は1,223頭を数え、乳用肥育などの酪農牛を含めると、約3,000頭の牛が飼われていた。これは村の人口（約6,000人）の半分の数にあたる。照子さんのように、繁殖から肥育まで一貫した飼養を行い、「飯舘牛」という村独自の和牛ブランドを育て上げてきた。それは1980（昭和55）年前後の冷害によって大凶作（作況指数12）にあい、まったく米が獲れなかったことを踏まえ、米からリスク分散の意味も込めて、畜産や花卉園芸という未知の分野に進出し、30年間村の将来を託してきた成果でもある。

　たとえば、牛舎を建てる以外にもさまざまな投資が必要となる。和牛はどんな種でもよいのではなく、品質の高い種牛を購入したり、交配したりする。牛の餌も海外から買うのではなく、自家産の牧草を刈り取り、ロールにし、ラッピングする。それらもすべて専用の機械を必要とする。

　牛に対して、飼い主は次のような想いを抱く。牛は人間に与えられた餌をただ黙々と食べて、与えられた環境のなかでしか生きられないけれども、牛にも感情がある。出産に立ち会い、手塩にかけて育てている牛は、自分たちの"家族"である。牛がいるおかげで自分たちの生活が成り立っており「お陰様でありがとうという気持ちでいっぱいだ」という。原発事故後に生まれたばかりの子牛を引き渡す際も「飼い主がいい人でありますように」という願いを込めて送り出した。

　牛に対する想いは、トルコキキョウに対しても変わらない。トルコキキョウの花を「娘」と照子さんは捉えている。原発事故が起こるまでの17年もの間、情熱をかけて花づくりに取り組んできたからである。その情熱とは、つくり手全員が「トルコ病」にかかったようだと説明する。

　照子さんは18年前に母親を亡くし、母の後を継いで畜産を始めた。このとき、親牛が14頭、子牛が10頭程度、合計20数頭を飼育していた。酪農とは違い、肉牛飼養は餌を与えたあとは牛舎をのぞく程度で、日中の時間をもてあましていた。そこで、その時間を利用して花をつくってみたいと農協に相談をもちかけた。比曽地区では、どの農家もホウレンソウ、小松菜、インゲンなどの野菜を育てていた。しかし、自分は花を育てて生活していけたらと思い、再度農協に相談すると、村としてトルコキキョウを増やそうと考えており、「死に物狂いで努力するなら教える」といわれた。そこで即時に決断して、次の年からトルコキキョウをつくり始めた。

　ところが、最初はまったくうまくいかなかった。「なぜこんなに下手なのか」と反省し、栽培法の勉強を始めた。「テルちゃん、この花いつ咲くの」と、まわりから冷やかしを受け、悔しい思いもした。負ける訳にはいかないと思った。当時の農家は野菜の栽培で生活を立て、花卉園芸で「ご飯を食べられる」状況ではなかった。

　1棟のハウスでスタートしたトルコキキョウ栽培が面白くなり、もうちょっとできるかもしれないと、ハウスを増やしていった。手をかければかけるほどきれいな花を咲かせてくれるという手ごたえを感じ、花が咲いたときは苦労が報われた気持ちになった。結果的には三反（30アール）、ハウスの数にして13棟まで増棟していた。いつしか花と牛の収入が逆転し、花が主で牛が従となっていた。

　トルコキキョウの花を切るときは毎回、「本当に娘を嫁に出すぐらいの気持ちだ」という。他の花卉の品種はつぼみの段階で出荷するために、ハレの姿を見ることはないが、トルコキキョウは3、4輪、開花を見届けてからの出荷となる。このことがよりいっそう照子さんたちを引きつけた。

　「トルコ病。トルコの花の魅力。こんなにきれいに咲いてくれたという気持ちが、苦労を帳消しにしてくれる。花の一生でも、お嫁に出すときの若々しい姿がある。かまわないで放っておくと花も30代、40代になる。一番いいときにお嫁に出したい気持ちはあります」。

　照子さんが牛と花への想いに区切りをつけたのは、一時的な離村のための踏ん切りであり、棄村を意味するものではない。もちろん、福島市内に移り住んだ後の日々の生活は、たいへん苦しく、半年経っても補償金や損害賠償の話がいっこうに進んでいなかった。別の選択肢として村や知人から、他村、他所の遊休地でトルコキキョウを栽培しないかと打診を受けた。定職になりそうな仕事もなく、いつ戻れるかもわからない、仲間や知り合いから手を差し伸べられるありがたさと、仕事を再開できる喜びは何物にも代えがたい。いち早く飛びついてもよさそうな誘いであったが、誘いをすべて断った。

　花にかける想いとは別に「"飯舘"のトルコキキョウをつくりたいというのと、どこでもいいからトルコキキョウをつくりたいというのとは違うんです」と明確に違いを区別している。その理由として、まず飯舘村の自然条件をあげている。阿武隈山地の北に位置する村の標高は400〜600m あり、夜になると急に冷え込む気候を花への栄養としてきた。福島のほかの所でハウス栽培をしても、条件が合うのか疑問である。そして、飯舘だからこそトルコキキョウ、という想いには、自分たちの力で飯舘の特産品にまで押し上げたという自負が込められている。

　「みんな飯舘村にハウスも暖房器具も土壌消毒の設備ももっていて、みんなに認められるいい品種をつくろうと情熱を注いできましたから、できるなら戻りたいし、花をつくりたいと思う。飯舘村で農業をやって、

復興に一番先に手を挙げられるのも花だと思っています。ハウスが掛かってますから、中の土壌は汚染されていないはずなんです。そういう意味では、まわりでは除染が必要ですけれども、土そのものは数値はゼロとはいいませんけど、一番先に花で復興しよう、のろしをあげようと、仲間でそういう話をしています」（2011年9月30日　佐藤照子さん）。

　飯舘村は、平成の大合併の際にも合併をしないという独自路線を選択し、自立自給の「までい」の村づくりを進めてきた。までいとは、真手＝両手という意味から派生した、片手間ではなしに「手間隙を惜しまず」「時間をかけて」「じっくりと」などが込められた言葉である。いまでいうスローライフの村づくりが、避難によって人びとが離散しバラバラになるなかで、帰村に向けた動機づけとなり、避難解除を待つ忍耐力を支えている。

　原発事故を起こした東京電力と、その影響を被った周辺市町村という、対立図式あるいは加害―被害構造を、まず、わたしたちは思い浮かべる。津波や地震による直接の被害が皆無にもかかわらず、家や仕事を失い家族さえもバラバラにされて、加害者である東京電力に怒りの矛先が向いてもおかしくない。

　しかし照子さんの考えは違う。東電を一方的に責めるのでもなく、飯舘村の住民はいまは耐えて、事故収束を信じて待つしかない。原発災害も、農業以外の生き方が体験でき、距離をおいて農業を見直す機会を与えられたと考えれば、悪いことばかりではなくなる。原発事故の影響がある程度わかるまで、自身が勉強する時間と置き換え、これから老後に向かってどういう人生を過ごしていくのか、いままで体験できなかったことをこれからは経験して、未知の世界を切り拓くことができる、と考えているという。

　ここには加害―被害図式からの離脱による冷静な判断と、収束の見通

しの立たない原発への忍耐が、自己納得と他者への説得として展開されている。なぜ現場の住民が、加害—被害の図式に組み込まれないのか。飯舘村は、原発直近の自治体のように（疑似）受益圏として、国から交付金を受け取っていた地域ではない。したがって、放射能汚染においては、加害—被害論でいう受苦圏に十二分に当たると考えられる。

　原発事故をマイナスに捉えると、金銭に換算されることで、補償によって差し引きゼロとなる。加害—被害図式そのものから離脱することは、経済的価値だけに貶められまいとする、ソフトレジスタンスの意思表示ともとれる。経済的マイナスから出発するのではなく、スタート地点を別次元のプラスの価値に転換させることで、道を切り拓こうとする意志がそこにはある。照子さんの論理では、東京電力も被害者ということになる。このことによって、原発災害が意味論的にコントロールされ、相対的に自律する主体が立ち上がる。

　原発事故によって家族すら離ればなれになるなかで、絶望しない限りひとりでどこででも生きていけるかもしれないが、照子さんたちは、自分たちを単独の個とは捉えていない。一個の人間としての自分を飯舘村の歴史の文脈に位置づけ、昔から営々と農業で生きてきた故郷をないがしろにせずに、生きていこうとするのである。

　トルコキキョウの出荷のピークのときには食事をつくる時間もなく、ご近所が食事を差し入れてくれた。それをありがたくいただくと、また頑張ろうという気持ちになる。地域に守られ、育てられてきたという実感があるのだ。理念としてのコミュニティではなく、この「地域」には住民たちが実際に育んできた、「幸せ」が詰まっているのである。畜産でも、花卉でも、地域はつねにつながっている。

　たしかに暮らしを立てていくうえで、お金も放射線量も考えずにはすまない要素ではあるが、それだけで人は暮らしているわけではない。飯

館村への強い想いは、牛や花をわが子のように育て、村の特産品に押し上げてきた自負にも表れている。経済的価値であると同時に、生活を支えてくれた家族同然の動植物に対する感謝でもある。

　放射能が無色透明で不可視であるのと同様に、先祖の魂もまた目にみえない。放射能に汚染された田畑を不耕作にして、先祖に申し訳ないという気持ちがあふれ、放射能の脅威に対して何もできない自らの非力さをむしろ責めるのである。

　大津波という千年災禍の前では、汚染源である東京電力も自分たちも同じ犠牲者であると捉える。その意味で、原発災害を人災としてではなく、自然災害であると彼女のなかでは位置づけている。もちろん、人災として東京電力に責めを負わせるべきだという、怒りをもつ避難者も多い。

　しかしここでのポイントは、原発によって愛する牛やトルコキキョウの花をダメにされ、財産を奪われ、家族をバラバラにされ、さらに故郷を追われた、そのような当事者からこのような言葉が発せられていることだ。原発によって金銭的に恩恵を受けても、あるいは逆に被害を被っても、それは同じ事象の裏表であり、原発に従属する発想になってしまう。そうではなく、自分たちが主体となって新たな価値を生み出すことができれば、原発から相対的に自律した関係性を築き、次のスタートの準備をすることができる。

　人知を超えるような大災害も、時間が経過するにしたがって現実の生活に回収されはじめる。当初人びとが災禍から受けた衝撃や喪失感はその地を離れるのに十二分であったが、時間の経過とともにそれぞれの生活のなかに組み入れられてきている。人びとの生活周期に自然災害を所与のものとして組み込み、"所有"することで、災害リスクをコントロール可能にするのである。すなわち、ここでの千年災禍の「所有」と

は、コミュニティのなかで災害リスクを"受難（＝引き受ける）"ことにほかならない。

　彼ら彼女らの論理にしたがえば、津波や原発災害は、初めてめぐり合うリスクではない。かつて地域や集落ではさまざまなリスクを背負い込んできたのである。すなわち、飯舘村では冷害による米農家の大打撃であり、人口流出である。一度どん底を味わい、たいへん厳しい時代を経験してきた。そのなかで、地域の"賭け"として孤立と反目に耐えて、それぞれが30年ほどかけて「特産品」「地域ブランド」を育て上げてきた。ブランド品は、技術革新と品質向上が求められるために、個人の技量と努力に負うところが大きい。地域の人たちは、トルコキキョウ（トルコ病）の魅力に取りつかれたのである。苦労は大きいが、その分報われるからである。

　したがって、自然条件の厳しい地域に残る選択をした人たちにとって、相当のリスクはあったとしても、その土地を離れて生きるほうが難しく、そうでない人たちは、津波や原発事故の前にすでに村や集落を立ち去っていると理解されている。

　言い方を変えるならば、地域コミュニティは、その社会を根底から破壊するような災禍にあってもなお、その災禍を吸収する弾力的なダイナミズムを保持していることが明らかである。

5.　放射能と共存する低減技術

　一般的に考えて、放射性物質が降り注げば大地はその瞬間ダメになると思う。半減期の長い放射性物質の飛散があれば、第１次産業で生計を立てている農家は、その大地から撤退を余儀なくされる。その分補償で補填されれば済む話ではないかと素人目には映る。そしてそれを取り除く手段は、放射性物質が降り注いだ表土を剥ぐ除染方法であると誰しも

が考える。

　しかし、長年有機農業や環境保全型農業を行ってきた農業者は、国の除染法を明確に"否定"する。土づくりを行っている有機農業は、放射能の影響を直に受けたり、消費者の信頼を失いそうにみえる。放射能汚染に一番脆弱にみえる、有機農業や環境保全型農業は、なぜこのような有機や環境の存立に関わる逆境の事態にあって"強み"を発揮できるのであろうか。

　福島県有機農業ネットワーク代表の菅野正寿さんは、「放射能ゼロということはありえない。放射能と共存するしかない。どうしてここ（福島県二本松市東和町）で、暮らしと生業と生き方をしていくのかということ。０か100かではなく、（放射能を）認め合っていく、そこが大事だと思っています」と、わたしたちに重い投げかけをしている。放射能と"共存"するとはどういうことか。原発の事故前に行ってきた有機農業を断ち切って、次のステージに進むということなのだろうか。実は逆で有機農業の延長線上として彼らは捉えている。

　それでは放射能と共存しない方法とは、放射能をゼロにする除染政策であるが、次にあげるように途方もない費用と時間がかかる。環境省の試算によれば、福島県全体で１μSv/h 以上の土地は2,373km^2（うち森林62.6％　農地26.5％）もあり、深さ５cm の土壌の量は約1.2億 m^{3}もある。ピンとこない数値である。これは、東京都の新海面処分場の全容量に相当し、日本全国の一般廃棄物最終処分場の残余容量に相当する。１戸当たり80万円から100万円をかけて、何百億円をかけて大手ゼネコンが除染しても２か月もたつと空間線量が元に戻るケースもある。

　ちなみに除染活動に使われる吸着材等の廃棄物や、樹木など地上部は試算に含まれていないので、それを処分するための最終処分場はおろか、廃棄物を保管するための中間貯蔵施設について2014年福島県が受け入れ

を表明してから１年経っても、双葉町と大熊町の建設予定地の全地権者
（2,365名）のうち売却契約に至ったのはわずか0.1％の７人のみである
（産経新聞2015年８月28日）。仮置き場に黒い土嚢袋が山積みにされて
いる異常な光景もすでに日常の当たり前の風景となっている。

　このことからも明らかなように、理想とされていた国の除染政策は行
き詰まりをみせている。それに対して、二本松市東和の「ゆうきの里東
和ふるさとづくり協議会」は、除染を早くから移染として位置づけ、す
べて取り除くことには限界があると見極めて、原発事故のわずか１か月
後の春から除染を待たずに土を耕し種を蒔くことを実施していった。普
通であるならば、早くても原発事故の年は様子をみて、翌年から期を熟
して段階的に農作業に戻るということがよいように思えるかもしれない。
しかし、彼らにその選択肢はなかった。まずは自分たちがいつもやって
いることから始めて春になれば種を蒔き、そういうサイクルを通して、
土に鍬を入れ自分たちがやっていた農業を信頼し、もしそれでだめなら
東京電力に補償をという考えをもっていた。

　放射線を強く遮蔽させる土の機能を利用して、例年よりも30cmほど
耕耘を深くして表面に沈着した放射性セシウムなどを大量の土に混和さ
せることで、地表の放射線量を大幅に低下させることに成功させたので
ある。そして今度は収穫された農産物を"安全なもの"として消費者に
届ける問題をかかえた。国による放射線の測定基準が揺れ動くなかで、
これでは消費者に対しては"安心"を得ることはできないと考えていた。
協議会では、収穫された農産物を"自主的に"暫定規制値よりも引き下
げて、全種目の測定を地域ぐるみで組織的に展開することで、農産物の
安全性を訴えることができた。食品と放射能に関する「風評」被害は、
「一方的に安心してくださいと情報を押しつけることではなく、消費者
が安心できる「理由」と安全を担保する「根拠」を提示することでしか

解決できない」（小山 2015：65）からである。

　この取り組みの背景には、放射能の対策もあるが、従来の土づくりの一環としての長年培ってきた土との対話を得てつくり続けてきた、有機農業の地道な取り組みが根底にある。有機農業は、その成立時期から国の安全基準や規制を批判的に捉え、自省的に厳しい安全性を追求する営みであった。そのため、放射能測定についても「行政安全検査」が証明する安全性では納得せず、自らの手で確認できるまでの間は安全性が証明されていないと考えていた（中川 2015）。そして、何よりも表土を剥ぎ取る行為は、先人たちが努力と英知をかけて築き上げてきた血と汗の結晶を無効にする行為に等しいと考えたからである。

　個人がひとりでいくら頑張ってもダメであるということは、東和で暮らしてから身に染みてわかっている。「地域で自分ひとりが勝ち残ってはいけない」「儲けることを考えてはいけない」と、ゆうきの里の理事の武藤一夫は教えてくれた。いくら自分だけがよい田圃をやっても、周りが農地を売り払えばたちまち田圃はなくなり、山間地での保水力を失ってしまう。逆にひとりだけが無農薬を実践して稲の病気などを引き起こせば、周りの人びとに悪影響を及ぼしてしまう。0か100ではないのは、まさに減農薬をして無農薬にするという地域とのつき合い方をまるごと包含してお互いを認める思想である。

　県内有数の養蚕地帯であった旧東和町は、生糸や牛肉の輸入自由化が著しい1970年代に桑畑や牧草地が荒廃していった。80年代に出稼ぎに頼らず農業で生きる道を、青年団が中心となって産直運動の先駆けとして少量多品目の生産の有機農業による複合経営を行い始める。

　その過程で福島県内のコープや消費者グループと提携を結び、そのなかで、農村の価値について消費者から教えられたという。山間部にでき始めた産業廃棄物処分場やゴルフ場によって、食品の安全安心が脅かさ

れる問題などを通じて反対運動を展開し、2000年代に NPO 法人を立ち
上げ、有機農業のもととなる土（堆肥）づくりを推進した。

　食物全品目の自主検査も、有機農業の取り組みからすれば、消費者や
研究機関のこれまで自分たちのつくり上げたものが独りよがりなもので
はなく、客観的なデータで提示できるという信頼関係にもとづくもので
ある。さらに、放射能を土中に閉じ込める低減技術も、農民的耕耘とい
うかたちでつながっている。このようにして、近代技術の原発事故の未
知の経験を、これまでの体験や取り組みに取り入れることで、人間の手
に負えないリスクを既知の智慧のなかに縮減している。

　震災後新たに「ふくしま農家の夢ワイン」を設立した。生食用のリン
ゴが風評被害で売れず、加工用としても取引を断られるケースを受けて、
地域のなかで苦悩する農家と協同をはかる試みである。

　東和地区では、震災後も新規就農者が増え続けている。千葉農村地域
文化所の飯塚里恵子は、「温故知新」というキーワードをひきながら、
時代を切り拓こうとする若い世代の取り組みには新しさがあるが、一方
で彼ら彼女らは原発事故で最新技術の限界も知った。そこで先人が築き
上げてきた過去の農業を信頼し、もう一度立ち返り学ぶことで、原発事
故という近代の問題に対して文明的に乗り越えようとしていると述べて
いる（飯塚 2014：112）。

　放射能はなくすことはできないので、認め合うことで放射能と共存す
るという新たな地平を開いたのである。

6. 実存レベルでの共存

　政府が邁進する除染作業や帰還政策、福島第一原発の廃炉作業と中間
貯蔵施設の建設などのスケジュールはわかっていても、実際のところは
いつ終わるかわからない。これらの政策から下された暮らしのありよう

は、そのまま従えば、仮留めされた不安定な生活の継続か、いつ終わるともしれない賠償による括弧つきの安定した生活の延長を想定するしかない。

　それに対して、現場から問われているのは、避難の解消や賠償補償が必ずしも原発被災者の生活再建と結びついていない現実があるなかで、放射能と"共存"する智慧である。放射能を忌避することではなく、目を背けたくなる現実と向き合い、抽象的な共存ではなく、実存レベルでの放射能との共存の模索である。原発を認めることを脇に置きながら、原発事故で起きてしまった放射能の拡散に対して、遠い将来もなくならない以上、それとのつき合い方を通してしか自分たちの生き方や暮らしが成り立たない断崖絶壁の縁に立ったうえでの、彼らの生きてきた／これから生きていく意味を考える哲学である。

参考文献

福島民報社編集局、2015、『福島と原発3—原発事故関連死』早稲田大学出版部

濱田武士・小山良太・早尻正宏、2015、『福島に農林漁業をとり戻す』みすず書房

針谷勉、2012、『原発一揆』cyzo

飯塚里恵子、2014、「住民自治組織による里山再生・災害復興プログラム—二本松市東和地区」守友裕一・大谷尚之・神代英昭編『福島　農からの日本再生—内発的地域づくりの展開』農文協：93-114

石牟礼道子、2014、『苦海浄土　わが水俣病』講談社文庫

金菱清、2016、「原発災害—放射能を飼い馴らす」『震災学入門—死生観からの社会構想』筑摩書房：159-188

金菱清、2014、「千年災禍のコントロール—原発と津波をめぐる漁山村の論理」『震災メメントモリ—第二の津波に抗して』新曜社：97-140

眞並恭介、2015、『牛と土—福島、3.11その後。』集英社

桝潟俊子、2013、「改めて地域自給を考える」井口隆史・桝潟俊子編『有機農業選

書5地域自給のネットワーク―持続可能な自立した社会をつくる』コモンズ：
8-27

見田宗介、2008、『まなざしの地獄―尽きなく生きることの社会学』河出書房新社

中川恵、2015、「放射能測定と産直提携―宮城県南部の事例をもとにして」『社会学
研究』第95号：125-143

野口典子、2014、「3.11「震災関連死」という問い」『中京大学現代社会学部紀要』
8-2：229-278

関礼子、2015、『"生きる"時間のパラダイム―被災現地から描く原発事故後の世
界』日本評論社

菅野正寿・長谷川浩編著、2012、『放射能に克つ農の営み―ふくしまから希望の復
興へ』コモンズ

寺口瑞生、2001、「(B) 環境社会学のフィールドワーク」飯島伸子・鳥越皓之・長
谷川公一・舩橋晴俊編『講座環境社会学・第一巻環境社会学の視点』有斐閣：
243-260

山下祐介・市村高志・佐藤彰彦、2013、『人間なき復興―原発避難と国民の「不理
解」をめぐって』明石書店

15 | 災後の社会学的展開

《目標＆ポイント》 東日本大震災は、どのような意味を社会に提示したこと
になるのか。天災という自然現象が人間活動に与えた災難であるのに対して、
災害事態を引き起こしたのは人間の業であるという考えが天譴である。社会
学者の清水幾太郎は、リスボン大地震のヨーロッパに与えた思想的影響に比
して、関東大震災のそれは、被害の大きさを誇るだけで思想的展開を行えな
かったことを捉えた。そして、人間と自然との関係について、人力の徹底的
敗北における、平等と正義の実現であったと説いた。その結果、誰しも選ぶ
ことができない天譴は、自然に従順になることによってはじめて人間の改革
が可能になったのである。他方、東日本大震災における思想的展開は、価値
ある世界の再構成として、この世とあの世という二項対立を止揚する霊性で
あったと考えることができる。
《キーワード》 天災、天譴、リスボン大地震、可能性への想像、生と死のは
ざまの霊性

1. 震災における敗北宣言

　本章では、災害後の社会学的展開を探ってみたい。というのも、学問
にはそれぞれの臨界点があり、現実の知見と突き合わせるなかで、十分
に説明しきれないことが出てくる。

　千年ぶりの巨大な災害を経て、学問的なパラダイム転換を要求されて
いるのだと強く感じる。考えてみれば、1775年に襲ったリスボン大地震
とそれに続く大津波によって、ヨーロッパの宗教的な神学論争や哲学者
のカントにも影響を及ぼした、科学的な枠組みが大変革を起こした。当

時、このような巨大な事象は、神が起こした自然現象と捉える視点と、それとは逆に地震計などの観測機器によって科学的に測定することで事象を解明していく学問の進化とに分岐した歴史がある。

　社会学の場合であれば、傾向として集合的観点から事象を捉えようとする。それはおのずと自分の血肉となっているところがあって、これはこれで切れ味がある。そのような観点でみれば、避難所、応急仮設住宅や災害復興住宅のコミュニティ調査などは、どちらかといえば捉えやすい。

　そして死者の供養という観点からみれば、個人では負えない問題をコミュニティに仮託することで死者をできるだけ早く彼岸に送り出すことができる。しかし、このことは学問的枠組みに拘束されていて、より深い現実を見通すことができていなかったという反省がある。

　いわば、仮説的にみて機能的な役割を果たしているという解釈のもとで分析を行っているのである。筆者自身震災では、多くの点で「敗北宣言」を出さざるを得なかった。つまり、既存の学問での蓄積から見通す視野は、現実をすっきりとみることができる反面、現実を覆い隠すことにも逆に寄与してしまっていることがわかってきたからである。

2. 天譴という考え

　それでは、社会学的にどのような災害後の展開をみることができるだろうか。約1世紀前に起こった関東大震災では、「天譴」という考え方が広く浸透していたようである。今ではまったく使われない用語であるが、あえて意訳すれば天罰に当たる。天災という自然現象が人間活動に与えた災難であるのに対して、災害事態を引き起こしたのは人間の業であるという考えが天譴である。東日本大震災ではほんの一部だけ天罰的な表現が使われたが、地球的規模の地殻変動による自然現象であること

は疑いの余地がないことは、皆が承知しているところである。

　社会学者の清水幾太郎は、自身が中学生のときに関東大震災に遭遇し、この課題に対して論考を書いている。リスボン大地震を念頭に、破壊的規模で比べれば、リスボン大地震の方がはるかに小さいが、全ヨーロッパ的な意味で、地震の物理的な大きさによる以上に、思想的な意味が大きかったと考えている。その観点からすれば、彼は、「関東大震災は、物理的な大きさや、破壊と死者の数を誇るのみであって、思想的な深さや大きさは殆ど認められない」、ムード的な段階として震災が相対化されたと論破している。その意味では、「リスボンの一万及至一万五千の死者には思想史上の意味が加えられているのに反して、関東地方（大震災）の十五万の死者は空しく死んでいる」（清水 1993：225）という憤りを吐露している。その際、清水のなかで浮かび上がってきたキーワードが、「天譴」である。

　その当時普通に学校の先生から、今度の関東大震災は、人間が自然の賜りを浪費したために、天譴すなわち、天のお叱りで、天罰を受けたという説明をされていた。それほど一般的な言葉であった。天譴の観念は、「天災を彼岸から此岸へ連れて来る。天災が人間の存在の根本的条件の事実的崩壊であるところを考えれば、こうした観念的此岸化は、崩壊した条件の下における安定の成立に役立つであろう」（同上：190）という。

　つまり、当時は、明治維新以来日本が順風満帆の快進撃を続けており、そういった「国民的成金」根性による頽廃に対して警告を与える意味で、招かざるものであるというよりも、むしろ思想的な反応として歓迎する考えがあったことを意味している。

　ところが、清水は、天譴の致命的欠陥を指摘している。それは、災害は頽廃した人間を限定して選ぶのではなく、まったく無差別に一切の人間に降りかかる非選択性にあった。なぜ、罪のない多くの民衆は無為の

死を遂げたのか。ごくわずかのブルジョア社会の腐敗の是正というプラスと、15万人の大衆の死のマイナスを天秤にかけた場合、釣り合わないと考えていた。

しかし、この非選択性の矛盾について社会改革論者は、「15万の大衆の死というマイナスを歓迎し肯定することが出来た」。つまり、この無差別な災害のもつ誰も逃れられない非選択性が、積極的な意味をもつようになったという理解をしている。すなわち、天災が天譴の考え方によって解釈されるとき、人間の無力という問題は特別の意味を帯び、望ましい改革における条件となる。

どういうことか。それは、「差別と腐敗との現状に対置された平等と正義とは、破滅における、焦土における、即ち、人力の徹底的敗北における平等と正義」（同上：199）であると説いた。その結果、誰しも選ぶことができない天譴は、自然に従順になることによって、はじめて人間の改革が可能になったのである。

それ自体無意味な天災を、強いてプラスの方向に解釈することで「天恵」の観念が生まれたのだという。天譴が下されるのは、不自然なもの、自然に反するものでなければならないとして、腐敗したブルジョア→無差別の死・焦土における平等、プロレタリア文学→娯楽を与える文学、都会→農村、鉄筋コンクリート建築→木造建築、つまり、文化→自然なものとして人間は自然にしたがうことになる。

3.　こちら側とあちら側の対立を揺さぶる

このような自然への絶対的な服従における人間の力について、火災からわずか36時間も経たないほどに、千戸以上の家屋が、地から生えたように立ち並ぶ様子を取り上げている。そして、自然は巨大な破壊を行う権利をもち、人間はバラックを建てる権利だけをもっているとして、焼

け跡に投げ出された人間の、自然に密着した、生物としての要求を満た
すための努力を人間に相応しいものと捉えている（同上：210）。

　人間と自然との小さな調和を、バラックを通して見通そうとする。こ
こから、清水は、頻繁にやってくる天災を、人間に下す自然の循環への
服従と、自然の循環を邪魔しないという態度（どうせ天災が循環してく
ると諦め、自らこの循環のなかに巻き込まれて行く姿勢）に小さくない
意義を見出した。

　災害というものを天譴と読み替えることは、一見すると、後から意味
解釈されているようにみえる。それを千田洋幸は、ドゥルーズを参考
にしながら『「潜在的なものの現実化」が、同一性や類似とは無縁な差
異と多様性を生み出すがゆえに、「真の創造」であるのに対して、「可能
性」という概念は、「実在的な」ものと似せて事後的に「捏造」された
「偽りの運動」にすぎない』（千田　2018：64）という解釈があるとまず
説明する。平たく言えば、わたしたちの身の回りにはあり得たかもしれ
ない可能性が現実にはたくさん存在し、そのなかのひとつを選択してい
るようにみえるが、出来事は常に実現された後で遡及的に立ち現れると
いう。なので、あのときこうしていればよかったというのは、まさしく
可能性でしかない。

　しかし、捏造化された可能性の問題に対して、千田は、村上春樹の小
説に事寄せしながら別の解釈を試みる。たとえば幽霊体験は、生きてい
る間に…してあげればよかったという願望や後悔の産物ではないし、後
から偽りとしてつくり出せるものではないという。そのうえで、「可能
性への想像によって、引き裂かれた生者の世界と死者の世界のあいだに
もうひとつの世界がつくり出され、「生者の消滅」という喪失の出来事
が、「霊＝死者との共生」という新たな出来事へと読み替えられる。そ
れによって、生き残った人びとは、自分たちが今後生きていかなければ

ならないこの現実を価値ある世界として再構成する」（同上：76-7）こ
とができるものとして、こちら側とあちら側の二項対立を揺さぶってい
る。その結果、可能な世界は、死者の存在を含むとき、個人の実在にか
かわる深さで交わることになる。

4. 霊性を拓く

　「深海に棲む魚は、おそらく最後まで水というものに気づかないだろ
うという。何かの偶然が水面に運び、大気に触れさせない限り、彼は水
というものの存在を意識しないであろう」（リントン　1945（＝1972））。
　水しか知らない深海魚は、水以外の存在を知らないので、水面に出な
い限り「水」を捉えることはない。文化人類学者のリントンはこのよう
に述べている。3.11の大震災後スリランカを訪れて調査をしているとき、
あることが気になっていた。2004年12月クリスマスの翌日26日にインド
ネシアのスマトラ島沖で起きたM9.1の地震後発生した大津波は、イン
ド、モルディブ、アフリカ諸国にまで達し、死者・行方不明者は合計で
22万7,898人にものぼった。そのうち、スリランカでは4万人の津波犠
牲者を出したが、スリランカの慰霊碑（写真15-1）を現地で見ると、
電車に乗っていた乗客が津波に飲み込まれる様子がリアルに描かれてい
た。それだけでなく、当時の新聞のスクラップ（写真15-2）を調査同
行者から差し出されてみて見ると、そこには大きく津波によって流され
た遺体がそのままのすがたで掲載されていて、現地の人に聞いてもそれ
は当然だという答えしか返ってこなかった。もちろん、今の日本の報道
で遺体を見せることはないが、それがどうしてなのかということについ
て疑問をもつことはないのではないか。
　普通の日本人が報道で知らされる災害の被害とは、多くの犠牲者が出
ているが、それは何万人死亡という単なる数値の羅列だけであって、死

256

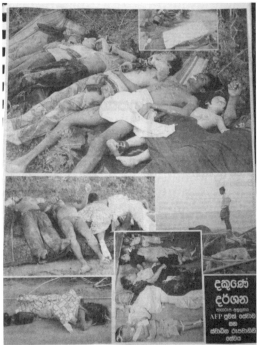

写真15-1/15-2　慰霊碑（スリランカ）（上）。
　　　　　　　　津波を報じるスリランカの
　　　　　　　　新聞記事（下）

者そのものがタブー視されて巧妙なまでに隠されていることに気づかされる。プライバシーの問題であったり、惨事ストレスの軽減であったり、文化的要因であったり、死者を曝け出さない理由は多数あげられるが、少なくともそれは世界共通のものではなく、日本が特殊なのかもしれない。死の世界を遮蔽することで、あたかもそれがなかったことが、当たり前のこととして了解される。

　これはリントンが比喩でたとえた、深海の魚と水の状態であり、深海魚を日本人、水を死に変換すれば、無意識のうちに包まれている死をその外側に出ない限り、死を知覚することはできないのかもしれない。身近で経験しながらも、それを「死」として意識されず、単なる出来事に押し戻される。まるで死を通過しない災害は、ドラマ仕立てのように美しく彩られているかのように感じる。わたしたちは真綿のような被膜に掩蔽され、それとなく「災害」として眺めているだけである。結果、災害に対する「浅さ」となって撥ね返り、災害を文化のなかに訓化し、飼育する反面、死に対して不感症になり、災害列島でありながらそれが生じる度にゼロからスタートし対処せざるを得ない。

　他方、水（死）を知覚した人びとがいる。災害の当事者たちも、できれば忌避したいが、肉親や職業上死の問題を避けて通ることはできない。口が開いていたり、裂傷を負っていたり、砂や泥が媚びりついていたりする何百もの遺体を遺体安置所で捜し歩く遺族や、たとえ運よくみつかったとしても、ドライアイスも不足する状態でせいぜい自宅の風通しのよい所に置いてくださいと警察にいわれ、遺体の回収もなく混乱した状態で待たされる人びとがいた。

　このように災害において身を削るような痛切な思いをし、死者と向き合わなければならなかった人が、数値に還元されて過去にあった歴史として「復興」や「絆」の歯切れのよい名の下に葬りさられようとしてい

258

る。尊い犠牲を払いながら水面に接した深海魚が、水を知覚出来た方法の蓄積を大切にしたい。このことに、わたしたちは鋭敏なまでに五感を研ぎ澄ます必要があるだろう。哲学者の中島義道は、「あのとき死んだ一人ひとりが、それぞれただ一度の死を、死んだことが覆い隠されてしまう。視点は自然に全体へと向かい、社会へと向かい、一人ひとりの人間を代替可能であるかのように数え出し、そして津波で死んだ人びとに対して、膨大な量の普遍的かつ抽象的な哀悼の言葉が投げかけられる」（中島 2015：17-8）と述べ、内側から外側へ視点が完全に転換することに対し警告を鳴らしている。

　災害社会学では、このようにタブー視されている「死者」の問題に対して、どのように当事者たちは向き合わなければならなかったのかについて、綿密なフィールドワークを通してあきらかにしてきた。いわば、古層にあった死を呼び覚ますような、霊性の震災史と捉えることができる。未曾有の災害において艱難辛苦を嘗めさせられた経験と引き換えに、彼ら彼女が到達したのが霊性であった。霊性とは、代表的な論者としては『日本的霊性』を記した鈴木大拙であるが、批評家の若松英輔は、それを形而上学的超越とつながる、いのちの根源的な働きであるとまとめている（若松 2015）。狭量な因果関係で説明されるような、科学では捉えきれない、もっと深い宗教性にまで降り立った知見が、今現場で求められているのである。人間の秘められた高次の感情である霊性にまで、当事者が概念としてではなく感覚的にわかるものとして、到達していることがわかってきた。その痕跡をわたしたちは本講義で捉えつつある。

　そして本講義のもうひとつの特徴は、突然襲来した巨大地震・大津波・原発事故という人知を超える未曽有の災害に翻弄されながらも、それでもなお日常の延長に置きなおし、自身のコントロール可能なものに転向させる力を秘めていることを示してきた。

　本講義では、生と死の<　間　>でしか成立しないコスモロジーの世界
から、従来とは異なる次元で災害社会学を立ち上げてきた。災害という
ある種人間にはどうしても抗することができない荒ぶる自然に対して、
それでもなお生き残った生者が目に見えぬ死者と交換しながら、ときに
は遣られながら、ときには抗しながら交渉する"独自の世界（霊性）"
を立ち上げていく。この生と死の<間>のコスモロジーの世界への着目
と微細な観察は、人為的に耐えがたい災害の期間を「短縮」するという
災害の軽減策としての、災害社会学の射程にとってとても意義深いもの
になるだろう。

　地震の揺れや津波による建物の破壊、原発事故により他所に移住する、
これらはすべて「横」の動きと関わっている。自然の猛威に対して、人
類という規模で対処しようとしたとき、復興の過程を辿り人間の成す術
のない横の動きに対して、そこからもう一度立ち上げる「縦」の動きが
旗幟鮮明となる。二度と津波を被ることのないように高く積み上げた防
潮堤、高台移転や嵩上げ工事等である。前者の横の動きが人間を自然の
下位に押し流そうとするのに対して、後者の縦の動きは自然を人間の下
位に置くことでそれに対置しようと試みる。

　それに対して、本講義では第三の道を模索してきた。後者の縦の動き
に即したものではあるが、それとはまったく異なる。内なる高次の感情
の次元を扱うことになる。生と死の<間>のコスモロジー（霊性）であ
る。このヒントになるものとして、文化人類学者の岩田慶治の論考があ
る（岩田　1993）。岩田は、精霊の住む大地と天上の世界に人間の住む場
所として<眼の高さの世界>を挙げている。祭りなどの文化的儀礼には
<とぶ>という身体的行為が存在する。このとぶという行動の繰り返し
のうちに、この世とあの世、有と無が媒介され、とんだ際天上には地上
が映り、しゃがんだ際地上には天上が映り、天と地とが近づく。跳ぶ人

の世界にはふたつの世界が映る。天に触れるときと地に触れるときと、このふたつのときが繰り返されて、回帰する。そうすると、「＜眼の高さの世界＞あるいは人間の＜文化＞の虚構性が脱落して、そこに確かなひとつの世界、天と地を含む世界のリアリティを直覚することになる」（同上：213-4）という卓見を示している。

　津波や原発によって文化の虚構性が暴かれた社会において、一足飛びに一方向的な縦の動きに飛躍するのではなく、眼の高さを起点としながらも往復運動によって身体性をともなった言語以前のコミュニケーションの場を設定しうる可能性を岩田は示しているといえる。現世と他界が同時に同居する両義性の世界（霊性）である。死との共属関係を捉えることで、より慈悲深い鎮魂の場を表現するねらいがある。

参考文献

岩田慶治、1979、『カミの人類学—不思議の場所をめぐって』講談社

岩田慶治、1993、『コスモスの思想—自然・アニミズム・密教空間』岩波書店

Linton,Ralpf., 1945, The Cultural Background of Personality, Appleton-Century Crofits
　　（1972 ラルフ・リントン　清水幾太郎・犬養康彦訳『文化人類学入門』創元社）

中島義道、2015、『反〈絆〉論』筑摩書房

千田洋幸、2018、『危機と表象—ポップカルチャーが災厄に遭遇するとき』おうふう

清水幾太郎、1993、「日本人の自然観」『清水幾太郎著作集』11巻　講談社：178-232

若松英輔、2015、『霊性の哲学』角川選書

索引

●配列は数字・アルファベット、五十音順。＊は人名を示す。

初出一覧 – 各章は以下の論考を改題・修正し、再構成した。

1章　「第1章いまなぜ震災学か」『震災社会学入門』筑摩書房

2章　「第1章いまなぜ震災学か」『震災社会学入門』筑摩書房

3章　「第3章内なるショック・ドクトリン」『震災メメントモリ』新曜社

4章　「第4章リスク」『震災社会学入門』筑摩書房

　　　「第5章「海との交渉権」を断ち切る防潮堤」『震災メメントモリ』新曜社

5章　「第5章コミュニティ」『震災社会学入門』筑摩書房

　　　「第1章彷徨える魂のゆくえをめぐって」『震災メメントモリ』新曜社

　　　「第9章「オーダーメイドの復興まちづくり」鳥越皓之・足立重和・金菱清編『生活環境主義のコミュニティ分析—環境社会学のアプローチ』ミネルヴァ書房

8章　「第2章心のケア」『震災社会学入門』筑摩書房

　　　「第6章震災メメントモリ」『震災メメントモリ』新曜社

　　　「第9章記録筆記法による「痛み温存」論と震災メメントモリ」鳥越皓之・金子勇編『現場から創る社会学理論』ミネルヴァ書房

9章　「「最後に握りしめた一枚をめぐるアクティブ・エスノグラフィ」特集エスノグラフィ『現代思想』青土社 vol.45-20

　　　「最後に握りしめた一枚を破るとき」『3.11霊性に抱かれて』新曜社

10章　「ライティング・ヒストリーの展開—オーラル・ヒストリーの敗北宣言」（特集Ⅰ：歴史経験の語られ方、記憶のされ方）『フォーラム現代社会学』第17号

11章　「第3章霊性」『震災社会学入門』筑摩書房

著者紹介

金菱　清（かねびし・きよし）

1975年	大阪生まれ
1995年	大学入学直前に阪神・淡路大震災に遭遇、関西学院大学社会学部入学
2004年	関西学院大学大学院修了。博士（社会学）
2005年	東北学院大学教養学部地域構想学科専任講師に着任
2011年	東日本大震災を仙台にて遭遇
2013年	文藝春秋にて「識者が選んだ108人（今後10年間に世界的な活躍を期待できる逸材）に選定」される
現在	関西学院大学社会学部教授
専攻	災害社会学、環境社会学
主な著書	

『生きられた法の社会学―伊丹空港「不法占拠」はなぜ補償されたのか』（新曜社、日本社会学会奨励賞著書の部受賞）

『震災学入門』（筑摩書房）

『震災メメントモリ―第二の津波に抗して』（新曜社）

編著『3.11慟哭の記録―71人が体感した大津波・原発・巨大地震』（新曜社、出版梓会新聞学芸文化賞受賞）

編著『千年災禍の海辺学―なぜそれでも人は海で暮らすのか』（生活書院）

編著『呼び覚まされる霊性の震災学―3.11生と死のはざまで』（新曜社）

編著『悲愛―あの日のあなたへ手紙をつづる』（新曜社）

編著『私の夢まで、会いに来てくれた―3.11亡き人とのそれから』（朝日新聞出版社）

編著『3.11霊性に抱かれて―魂といのちの生かされ方』（新曜社）

編著『生活環境主義のコミュニティ分析―環境社会学のアプローチ』（ミネルヴァ書房）

編著『環境社会学の考え方―暮らしをみつめる12の視点』（ミネルヴァ書房）

放送大学教材　1548565-1-2011（テレビ）

災害社会学

発　行　　2020年 3 月20日　第 1 刷
　　　　　2023年 8 月20日　第 3 刷
著　者　　金菱　清
発行所　　一般財団法人　放送大学教育振興会
　　　　　〒105-0001　東京都港区虎ノ門1-14-1　郵政福祉琴平ビル
　　　　　電話　03（3502）2750

Printed in Japan　ISBN978-4-595-32210-5　C1336